Die Preußischen Besoldungsgesetze

Band II.

Die Lehrerbesoldungsgesetze
und die
Ausführungsbestimmungen zum Preußischen Besoldungsgesetz vom 17. Dezember 1927

Herausgegeben von

Otto König

Ministerialrat im Preußischen Finanzministerium

4. Auflage

des von

Dr. Hermann Erythropel

Ministerialdirektor im Preußischen Finanzministerium

erstmalig herausgegebenen Kommentars

1928

Verlag von H. W. Müller

Berlin

Printed in Germany

Druck von Dr. F. P. Datterer & Cie., Freising-München

Inhaltsübersicht.

Druckfehlerberichtigungen zu Band I.

1. Auf S. 106 muß es im Abschnitt Finanzministerium in der 15. und 16. Zeile heißen:

„Oberrentmeister und Rentmeister bei den staatlichen Kreiskassen[2])“
anstatt
„Oberrentmeister und Rentmeister bei den staatlichen Kreiskassen[3])“.

2. In der auf S. 164 und 165 abgedruckten Tabelle muß es heißen:

in Besoldungsgruppe	in der Spalte	richtig	anstatt
4 a I	nach 18 Jahren	454,16 $^{2}/_{3}$	454,66 $^{2}/_{3}$
4 b	nach 2 Jahren	254,16 $^{2}/_{3}$	254,66 $^{2}/_{3}$
4 c	nach 14 Jahren	345,83 $^{1}/_{3}$	345,33 $^{1}/_{3}$
4 d	nach 2 Jahren	254,16 $^{2}/_{3}$	254,66 $^{2}/_{3}$
6	nach 4 Jahren	195,83 $^{1}/_{3}$	195,33 $^{1}/_{3}$
6	nach 6 Jahren	208,33 $^{1}/_{3}$	280,33 $^{1}/_{3}$
6	nach 8 Jahren	220,83 $^{1}/_{3}$	220,33 $^{1}/_{3}$
6	nach 12 Jahren	245,83 $^{1}/_{3}$	245,33 $^{1}/_{3}$
8	nach 10 Jahren	204,16 $^{2}/_{3}$	204,66 $^{2}/_{3}$
10 a	nach 14 Jahren	185,83 $^{1}/_{3}$	185,33 $^{1}/_{3}$
12	nach 14 Jahren	169,16 $^{2}/_{3}$	169,66 $^{2}/_{3}$

Gesetz

über die Dienstbezüge der Lehrer und Lehrerinnen an den öffentlichen Volksschulen (Volksschullehrer-Besoldungsgesetz — VBG —).

Vom 1. Mai 1928.
(GS. S. 125).

Vorbemerkung.

Die Neufassung des VBG. ist die notwendige Folge der Änderung des Preußischen Besoldungsgesetzes. Sie beschränkt sich deshalb im allgemeinen darauf, die für die Besoldung geltenden Bestimmungen mit den Vorschriften des Pr. Bes. G. vom 17. Dezember 1927 in Einklang zu bringen, daneben finden sich nur an wenigen Stellen weitere sachliche Änderungen gegenüber dem bisherigen Inhalt des VDG. vom $\frac{\text{17. Dezember 1920}}{\text{1. Januar 1925}}$ und seiner Ergänzungsgesetze.

Über die Gründe, die zu einer allgemeinen Erhöhung der Beamten- und damit auch der Lehrergehälter geführt haben vgl. Einleitung zu Bd. I, insbesondere S. 5 ff. Was dort über die Änderung des Systems der Besoldungsordnung, über die Regelung der Bezüge der Ruhegehalts- und Wartegeldempfänger, sowie der Hinterbliebenen ausgeführt ist, trifft auch auf die entsprechenden Vorschriften des VBG. zu. Von ganz besonderer Bedeutung in diesem Gesetz ist jedoch noch die Verkürzung des Diätariats der auftragsweise vollbeschäftigten und der einstweilig angestellten Lehrer. Dieses betrug bisher sieben Jahre. Es ist nunmehr auf fünf Jahre herabgesetzt worden. Zugleich ist mit Rücksicht auf die zur Zeit und voraussichtlich noch auf eine Reihe von Jahren hinaus bestehenden ungünstigen Anstellungsverhältnisse der Lehrer abweichend von der Vorschrift des § 17 Pr. Bes. G. vorgesehen, daß, wenn sich die endgültige Anstellung eines Lehrers ohne sein Verschulden über die Vollendung des 7. Dienstjahres hinaus verzögert, der Unterrichtsminister in Gemeinschaft mit dem Finanzminister bestimmen kann, daß die Grundvergütung des Lehrers auch über das Anfangsgrundgehalt hinaus nach Dienstaltersstufen mit zweijähriger Aufrückungsfrist weiter steigen darf.

Im einzelnen ist noch folgendes zu bemerken: Das Grundgehalt entspricht dem für die Beamten der Besoldungsgruppe A 4 b Pr. Bes. G. ausgesetzten Grundgehalt. Für die aus sachlichem Bedürfnis herausgehobenen Stellen sind gestaffelte Zulagen zu dem Grundgehalt vorgesehen. Zugleich sind die in dem bisherigen VDG. gewählten Amtsbezeichnungen „Leiter von Schulen mit 6 oder mehr aufsteigenden Klassen" und „Leiter von Schulen mit 3 oder mehr Lehrkräften und weniger als 6 aufsteigenden Klassen" in Übereinstimmung mit den bisher schon gebräuchlichen Amtsbezeichnungen „Rektor" bezw. „Hauptlehrer" gebracht worden. Konrektoren sollen in Zukunft nur an Volksschulen mit mindestens 7 Klassen und Zweite Konrektoren an Schulen mit mindestens 14 Klassen angestellt werden.

Bei den Bestimmungen über das Besoldungsdienstalter ist entsprechend der Verkürzung des Diätariats vorgesehen worden, daß von der vor der endgültigen Anstellung im öffentlichen Schuldienst in voller Beschäftigung zugebrachten Dienstzeit die 5 Jahre übersteigende Zeit auf das BDA. angerechnet wird.

Von Bedeutung für die Bezüge der Lehrer sind schließlich noch die Änderungen der Bestimmungen über die Kirchenamtszulage für die Inhaber eines vereinigten Schul- und Kirchenamts (§ 18) sowie der Bestimmungen über die Umzugs- und Reisekosten (§ 33).

Der Landtag hat folgendes Gesetz beschlossen:

I. Endgültig angestellte Lehrer und Lehrerinnen.

1. Allgemeine Vorschriften.

§ 1.

(1) Die endgültig angestellten Lehrer und Lehrerinnen erhalten ein Grundgehalt und einen Wohnungsgeldzuschuß. Daneben erhalten sie, soweit es in diesem Gesetz bestimmt oder zugelassen ist, Kinderbeihilfen und Zulagen.

(2) Als Diensteinkommen im Sinne dieses Gesetzes gelten die gesamten auf Grund dieses Gesetzes gewährten Dienstbezüge mit Ausnahme der Kinderbeihilfen.

(3) Die in diesem Gesetz für Lehrer (Leiter, Konrektoren) getroffenen Bestimmungen gelten auch für Lehrerinnen (Leiterinnen, Konrektorinnen), soweit für diese nicht ausdrücklich etwas anderes bestimmt ist. Lehrer im Sinne dieses Gesetzes sind auch die technischen Lehrer.

(4) Unter die Vorschriften dieses Gesetzes fallen nicht Lehrer (Lehrerinnen), deren Zeit und Kräfte durch die ihnen übertragenen Geschäfte nur nebenbei in Anspruch genommen sind; ob die Beschäftigung nur nebenbei stattfindet, entscheidet die Schulaufsichtsbehörde endgültig.

2. Grundgehalt.

§ 2.

(1) Das Grundgehalt wird den endgültig angestellten Lehrern in folgenden Sätzen gewährt:

2800 — 3050 — 3300 — 3550 — 3800 — 4000 — 4200 — 4400 — 4600 — 4800 — 5000 *RM* jährlich.

(2) Das Grundgehalt steigt nach Dienstaltersstufen von zwei zu zwei Jahren bis zur Erreichung des Endgrundgehalts. Die Dienstalterszulagen werden vom Ersten des Kalendermonats an gezahlt, in den der Eintritt in die neue Dienstaltersstufe fällt.

(3) Die endgültig angestellten Lehrerinnen und Konrektorinnen erhalten, solange nicht allgemein für Lehrer und Lehrerinnen das gleiche Arbeitsmaß festgesetzt ist, die Grundgehaltssätze gekürzt um 10 v. H.

(4) Auf das Aufrücken im Grundgehalt haben die endgültig angestellten Lehrer einen Rechtsanspruch. Der Anspruch ruht, solange ein förmliches Disziplinarverfahren oder wegen eines Verbrechens oder eines Vergehens ein Hauptverfahren oder eine Voruntersuchung schwebt. Führt ein strafgerichtliches Verfahren zur Verurteilung wegen eines Verbrechens oder Vergehens und wird binnen eines Monats nach Abschluß des strafgerichtlichen Verfahrens wegen der nämlichen Tatsachen ein förmliches Disziplinarverfahren eingeleitet, so ruht der Anspruch auch während der Zwischenzeit. Führt das Verfahren zum Verluste des Amtes, so erlischt der Anspruch auch für die Zeit des Ruhens.

3. Stellenzulagen.

§ 3.

(1) Neben dem Grundgehalt erhalten als ruhegehaltsfähige Stellenzulagen

a) die Ersten Lehrer an Volksschulen mit zwei planmäßigen Schulstellen und die alleinstehenden Lehrer nach Ablauf von fünf Jahren seit der endgültigen Anstellung jährlich . . . . 200 *RM*,

b) die Hauptlehrer (Leiter von Volksschulen mit mindestens drei Klassen und mindestens drei planmäßigen Schulstellen, soweit sie nicht Rektoren sind) jährlich 500 *RM*,

c) die Lehrer, die an den Volksschulen angegliederte gehobene Klassen (Klassen mit erweitertem Lehrziel) zur dauernden vollen Beschäftigung überwiesen sind, jährlich . . . . 800 *RM*,

d) die Konrektoren an Volksschulen mit mindestens sieben Klassen und die zweiten Konrektoren an Volksschulen mit mindestens vierzehn Klassen jährlich 500 *RM*,

e) die Rektoren (Leiter von Volksschulen mit sechs oder mehr Klassen und mindestens fünf planmäßigen Schulstellen) jährlich . . . . 1 200 *RM*,

f) die Rektoren von Volksschulen, denen gehobene Klassen (Klassen mit erweitertem Lehrziel) angegliedert sind, mit insgesamt mindestens sieben Klassen und sechs planmäßigen Schulstellen jährlich . . . . 1 400 *RM*,

g) die Lehrer, die an besondere Veranstaltungen der Volksschulen für körperlich oder geistig nicht normal veranlagte Kinder zur dauernden vollen Beschäftigung überwiesen sind, jährlich . . . . 800 *RM*,

h) die Konrektoren an den vorbezeichneten besonderen Veranstaltungen der Volksschulen mit mindestens sieben Klassen und die zweiten Konrektoren an Veranstaltungen dieser Art mit mindestens vierzehn Klassen sowie die Hauptlehrer an solchen Veranstaltungen (Leiter von Schulen mit mindestens drei aufsteigenden Klassen und drei planmäßigen Schulstellen, soweit sie nicht Rektoren sind) einschließlich der unter g genannten Zulage von 800 *RM* jährlich . . . . 1 000 *RM*,

i) die Rektoren an den besonderen Veranstaltungen der Volksschulen mit vier oder mehr aufsteigenden Klassen einschließlich der unter g genannten Zulage von 800 *RM* jährlich . . . . 1 200 *RM*.

(2) Die Entscheidung darüber, ob die Voraussetzungen zur Gewährung einer Stellenzulage vorliegen, trifft endgültig die Schulaufsichtsbehörde.

(3) Die zu a genannte Stellenzulage fällt weg, wenn ein Erster Lehrer an Schulen mit zwei planmäßigen Schulstellen oder ein alleinstehender Lehrer in eine Stelle versetzt wird, mit der eine Stellenzulage nicht verbunden ist. Die Versetzung gilt in diesem Falle gleichwohl als Versetzung in ein Amt von nicht geringerem planmäßigen Diensteinkommen im Sinne des § 87 Nr. 1 des Gesetzes, betreffend die Dienstvergehen der nichtrichterlichen Beamten, vom 21. Juli 1852 (Gesetzsamml. S. 465).

4. Besoldungsdienstalter.

§ 4.

(1) Das Besoldungsdienstalter der endgültig angestellten Lehrer beginnt mit dem ersten Tage des Monats, in dem der Lehrer erstmalig endgültig angestellt wird, soweit in diesem Gesetz oder in den Ausführungsbestimmungen dazu nichts Abweichendes bestimmt oder zugelassen wird. Vom Zeitpunkt der endgültigen Anstellung an, die nicht vor Zurücklegung einer anrechnungsfähigen Dienstzeit von fünf Jahren erfolgen darf, sind die Zeitabschnitte für das Verbleiben im Anfangsgrundgehalt und für das Aufsteigen in die höheren Grundgehaltsstufen zu rechnen. Als Zeitpunkt der endgültigen Anstellung gilt der Tag, von dem ab dem Lehrer eine planmäßige Stelle mit dem damit verbun-

denen Diensteinkommen dauernd verliehen worden ist. Ergeben sich aus dieser Regelung für einzelne Lehrer unverschuldete Härten, so kann der Unterrichtsminister im Einvernehmen mit dem Finanzminister im Einzelfalle die vorzeitige endgültige Anstellung genehmigen und das Besoldungsdienstalter nach der besonderen Lage des Einzelfalles festsetzen.

(2) Neu geschaffene Stellen können, auch wenn die Besetzung später ausgesprochen wird, bereits mit Wirkung vom Tage der Errichtung der Stellen und der Bereitstellung der erforderlichen Mittel, frühestens vom Beginn des laufenden Rechnungsjahres ab verliehen werden, sofern der Lehrer die Stelle bereits von diesem Zeitpunkt ab versehen hat.

(3) Für Lehrer, die die Anstellungsfähigkeit für das höhere Schulamt oder das Pfarramt erlangt haben, kann das Besoldungsdienstalter durch den Unterrichtsminister in Gemeinschaft mit dem Finanzminister abweichend von den vorstehenden Vorschriften günstiger festgesetzt werden.

(4) Bei Verleihung einer Stellenzulage (§ 3) wird das Besoldungsdienstalter für das Aufsteigen in die höheren Grundgehaltsstufen nicht geändert.

(5) Tritt ein Lehrer unmittelbar aus dem öffentlichen mittleren Schuldienst oder dem Berufsschuldienst in den öffentlichen Volksschuldienst über, so wird das Besoldungsdienstalter nicht geändert. Beim unmittelbaren Übertritt aus einem anderen öffentlichen Schuldienst erfolgt die Festsetzung des Besoldungsdienstalters in der Weise, daß der Lehrer stets den gegenüber seinem bisherigen Grundgehaltssatz nächsthöheren Satz erhält. Diesen nächsthöheren Grundgehaltssatz bezieht er zwei Jahre lang. Wäre er jedoch in seiner früheren Stelle bereits vor Ablauf dieser Zeit in die nächsthöhere Dienstaltersstufe aufgestiegen und damit zu einem Grundgehaltssatz gelangt, der über den ihm in der neuen Stelle gewährten hinausgeht oder ihm gleichkommt, so steigt er auch in der neuen Stelle zu derselben Zeit in die folgende Dienstaltersstufe. Hierbei ist die ruhegehaltsfähige Stellenzulage, die der Lehrer in der früheren Stelle bezogen hat oder in der neuen Stelle beziehen wird, dem Grundgehaltssatze hinzuzurechnen.

(6) Beim Eintritt von Ruhegehalts- oder Wartegeldempfängern in den öffentlichen Volksschuldienst wird die Dienstzeit nach den allgemeinen Vorschriften berechnet.

§ 5.

Anrechnung von Dienstzeit im öffentlichen Schuldienste sowie von Militär- und Marinedienst auf das Besoldungsdienstalter.

(1) Bei der Festsetzung des Besoldungsdienstalters ist von der Zeit, die ein Lehrer im öffentlichen Schuldienste von dem Eintritt

in diesen, frühestens aber von dem Beginne des 21. Lebensjahres ab, bis zur endgültigen Anstellung selbständig in voller Beschäftigung verbracht hat, die über fünf Jahre hinausgehende Dienstzeit auf das Besoldungsdienstalter anzurechnen, soweit die endgültige Anstellung durch den Mangel an offenen Stellen oder durch sonstige von dem Zutun des Lehrers unabhängige Gründe verzögert worden ist. Ist die endgültige Anstellung wegen unzureichender Befähigung oder aus anderen in der Person des Lehrers liegenden Gründen ausgesetzt worden, oder wird eine Verzögerung von dem Lehrer selbst, insbesondere durch die Ablehnung einer angebotenen Stelle, herbeigeführt, so bleibt die Zeit dieser Verzögerung von der Anrechnung ausgeschlossen.

(2) Der Unterrichtsminister kann die Beschäftigung der Schulamtsbewerber von der vorherigen Eintragung in eine Anwärterliste abhängig machen und die Zahl der in die Liste aufzunehmenden Anwärter beschränken. Die Grundsätze, nach denen auf Grund der Anwärterliste die Beschäftigung erfolgt, sind dem Landtage zur Kenntnisnahme vorzulegen.

(3) Unterbrechungen des öffentlichen Schuldienstes werden nicht angerechnet. Ausgeschlossen bleibt auch die Anrechnung der Dienstzeit, während der die Kräfte eines Lehrers durch die ihm übertragenen Geschäfte nach der Entscheidung der Schulaufsichtsbehörde nur nebenbei in Anspruch genommen gewesen sind (§ 1 Abs. 4).

(4) Bei der Feststellung der Dienstzeit gilt die Zeit des Militär- und Marinedienstes, soweit sie nach den jeweils geltenden Bestimmungen auf das Besoldungsdienstalter anzurechnen sein würde, als Dienst an öffentlichen Schulen.

(5) Als öffentlicher Schuldienst ist auch die Zeit zu rechnen, während der

1. ein Lehrer an einer Anstalt tätig gewesen ist, die vertragsmäßig die Vorbereitung von Zöglingen für die staatlichen Lehrerbildungsanstalten übernommen hat,
2. ein Lehrer als Erzieher an einer öffentlichen Taubstummen-, Blinden-, Idioten-, Waisen-, Rettungs- oder ähnlichen Anstalt oder an gleichartigen privaten Anstalten in voller Beschäftigung sich befunden hat, welche nach Anerkennung durch die Schulaufsichtsbehörde ausschließlich gemeinnützigen Zwecken dienen und für ihre Unterhaltung überwiegend auf die öffentliche Wohltätigkeit oder auf öffentliche Mittel angewiesen sind,
3. ein Lehrer an einer privaten Volksschule tätig war, die nach Entscheidung der Schulaufsichtsbehörde den öffentlichen Volksschulen gleichzuachten ist,
4. ein Lehrer an einer von einer Synagogengemeinde unterhaltenen jüdischen Religionsschule beschäftigt gewesen ist,
6. ein Lehrer an einer öffentlichen Volkshochschule oder an einer privaten Volkshochschule, die nach Entscheidung der Schul-

aufsichtsbehörde den öffentlichen Volkshochschulen gleichzuachten ist, vollbeschäftigt war.

(6) Ist ein Lehrer als Lehrer oder Erzieher an einer anderen als der im Abs. 5 unter 2 genannten privaten Taubstummen-, Blinden-, Idioten-, Waisen-, Rettungs- oder ähnlichen Anstalten vollbeschäftigt gewesen, so wird diese Beschäftigung der an einer Privatschule gleichbehandelt.

§ 6

Anrechnung von Beschäftigungen an privaten Schulen.

(1) Über die Anrechnung der Beschäftigung an preußischen Privatschulen, in denen schulpflichtige Kinder in den Lehrgegenständen der öffentlichen Volksschule unterrichtet werden, beschließt die Schulaufsichtsbehörde.

(2) Ausgeschlossen von der Anrechnung bleibt die Zeit, die vor dem Beginn des 21. Lebensjahres oder vor der Erlangung der Befähigung zur Erteilung von Unterricht an öffentlichen Volksschulen fällt.

(3) Vor der Anrechnung von Privatschulzeit ist eine Einzahlung an die Landesschulkasse zu leisten. Sie beträgt für jedes Jahr der Anrechnung für Lehrer 230 *RM* und für Lehrerinnen 210 *RM*. In besonderen Fällen kann die Einzahlung mit Genehmigung des Unterrichtsministers ermäßigt werden. Ein Verzicht auf die Einzahlung ist unzulässig. Wird sie nicht sofort in ganzer Summe, sondern in Teilbeträgen geleistet, so kann nur der Teil der Privatschulzeit angerechnet werden, der jeweils durch den bis dahin gezahlten Betrag gedeckt ist.

(4) Die nach den bisherigen Bestimmungen bereits erfolgte Anrechnung von Privatschuldienstzeit wird hierdurch nicht berührt.

§ 7.

Anrechnung von außerpreußischem und Auslandsschuldienst.

(1) Über die Anrechnung der im außerpreußischen öffentlichen oder privaten Schuldienst oder an deutschen Auslandsschulen zugebrachten oder als Auslandsschuldienst im Einzelfalle anerkannten Zeit auf die Dienstzeit im öffentlichen preußischen Schuldienst wird von dem Unterrichtsminister in Gemeinschaft mit dem Finanzminister Bestimmung getroffen. § 6 Abs. 2 gilt entsprechend.

(2) Die hiernach anzurechnende Zeit im außerpreußischen öffentlichen oder privaten Schuldienst darf in der Regel zehn Jahre nicht übersteigen. Für die im Auslandsschuldienste zugebrachte Zeit gilt diese Beschränkung nicht.

(3) Die Vorschriften in § 6 Abs. 3 und 4 gelten für die Anrechnung privaten Schuldienstes entsprechend.

§ 8.

Festsetzung des Besoldungsdienstalters nach Unterbrechung des Dienstverhältnisses.

(1) Ist ein Lehrer aus einer ihm endgültig übertragenen Stelle des öffentlichen Volksschuldienstes freiwillig ausgeschieden, ohne in eine andere Stelle des öffentlichen Schuldienstes oder des anrechnungsfähigen Privatschuldienstes überzutreten, oder ist er aus seinem früheren Dienstverhältnis entlassen worden, so wird im Falle seiner Wiederanstellung bei der Festsetzung des Besoldungsdienstalters und des Diensteinkommens der neuen Stelle auf das frühere Besoldungsdienstalter und das frühere Diensteinkommens des Lehrers in der Regel keine Rücksicht genommen. Lehrer, die ihre Stellen freiwillig aufgeben, sind hierauf ausdrücklich hinzuweisen. Soll von dieser Regelung im Einzelfall abgewichen werden, so entscheidet hierüber der Unterrichtsminister in Gemeinschaft mit dem Finanzminister.

(2) Falls eine Lehrerin infolge ihrer Verheiratung aus dem Schuldienst ausgeschieden ist, können ihr beim späteren Wiedereintritt in den Schuldienst aus besonderen Gründen die früheren Dienstjahre angerechnet werden. Eine Anrechnung der Dienstzeit, für die eine Abfindungssumme gezahlt worden ist, findet jedoch nicht statt.

(3) Lehrern, welche wegen Dienstunfähigkeit in den Ruhestand versetzt worden sind, muß im Falle ihrer späteren Wiederanstellung die frühere Dienstzeit auf das Besoldungsdienstalter angerechnet werden.

(4) Die auf Grund der Bestimmungen der §§ 6 und 7 erfolgte Anrechnung von Privatschuldienstzeit, außerpreußischer oder Auslandsschuldienstzeit ist auch für den Anspruch auf Ruhegehalt maßgebend.

§ 9.

Festsetzung des Besoldungsdienstalters.

(1) Die Lehrer sind von der Festsetzung des Besoldungsdienstalters schriftlich zu benachrichtigen.

(2) Die Entscheidung der Schulaufsichtsbehörde über die Festsetzung des Besoldungsdienstalters ist für die Beurteilung der vor den Gerichten geltend gemachten vermögensrechtlichen Diensteinkommensansprüche maßgebend.

5. Wohnungsgeldzuschuß.

§ 10.

(1) Die endgültig angestellten Lehrer erhalten einen Wohnungsgeldzuschuß nach den Vorschriften des Gesetzes über die Dienstbezüge der unmittelbaren Staatsbeamten (Preußisches Besoldungsgesetz). Bei Gewährung einer ruhegehaltsfähigen Stellen-

zulage wird der Wohnungsgeldzuschuß nach der Tarifklasse IV, sonst in der ersten bis dritten Dienstaltersstufe nach der Tarifklasse V und von der vierten Dienstaltersstufe ab nach der Tarifklasse IV gewährt.

(2) Verheiratete Lehrerinnen erhalten den Wohnungsgeldzuschuß nur zur Hälfte. Sie erhalten keinen Wohnungsgeldzuschuß, wenn der Ehemann als Lehrer, Beamter oder Angestellter des Reichs, eines Landes, einer Gemeinde oder einer sonstigen Körperschaft des öffentlichen Rechts einen Wohnungsgeldzuschuß bezieht.

(3) Ledige Lehrer erhalten an Stelle des Wohnungsgeldzuschusses, der sich nach Abs. 1 ergeben würde, den der nächstniedrigeren Tarifklasse. Verwitwete oder geschiedene Lehrer gelten nicht als ledige Lehrer.

(4) Die Kürzung des Wohnungsgeldzuschusses (Abs. 3) findet nicht statt bei den Lehrerinnen, deren Grundgehaltssätze nach § 2 Abs. 3 dieses Gesetzes gekürzt werden.

§ 11.

(1) Die Einreihung der Orte oder von Ortsteilen in die verschiedenen Ortsklassen bestimmt sich nach dem Ortsklassenverzeichnisse, wie es nach reichsgesetzlicher Regelung für die Gewährung von Wohnungsgeldzuschüssen an die Reichsbeamten maßgebend ist

(2) Der Unterrichtsminister bestimmt in Gemeinschaft mit dem Finanzminister, welcher Ortsklasse ein außerhalb Deutschlands gelegener, in diesem Ortsklassenverzeichnis nicht enthaltener Ort, an dem preußische Lehrer ihren dienstlichen Wohnsitz haben, zuzuweisen ist.

§ 12.

(1) Der Wohnungsgeldzuschuß wird nach der Ortsklasse des dienstlichen Wohnsitzes gewährt.

(2) In Schulverbänden, zu denen Orte verschiedener Ortsklassen gehören, gilt als dienstlicher Wohnsitz der Ort, in dem sich die Schule befindet. Sind mehrere Schulen in dem Verbande an verschiedenen Orten vorhanden, so bestimmt die Schulaufsichtsbehörde den Ort, dessen Klasse für die Gewährung des Wohnungsgeldzuschusses an alle in dem Verband angestellten Lehrer maßgebend zu sein hat.

(3) Bei Versetzungen sowie bei Dienstleistungen, die eine Verlegung des dienstlichen Wohnsitzes zur Folge haben, wird der Wohnungsgeldzuschuß vom Ersten des auf die Änderung des dienstlichen Wohnsitzes folgenden Monats nach dem Satze des Wohnungsgeldzuschusses für den Versetzungsort gezahlt. Findet die Änderung des dienstlichen Wohnsitzes am ersten Werktage eines Monats statt, so tritt der Wechsel im Satz des Wohnungsgeldzuschusses schon mit diesem Monat ein.

(4) Die bei Versetzung an den Ort einer niedrigeren Ortsklasse eintretende Verminderung des Wohnungsgeldzuschusses wird nicht als eine Verkürzung des Diensteinkommens im Sinne des § 87 Nr. 1 des Gesetzes, betreffend die Dienstvergehen der nichtrichterlichen Beamten, vom 21. Juli 1852 (Gesetzsamml. S. 465) angesehen.

6. Dienstwohnung.

§ 13.

Wird einem Lehrer eine Dienstwohnung zugewiesen, so ist sie ihm mit einem Betrage, den die Schulaufsichtsbehörde unter Mitwirkung der Lehrervertretung, des Schulverbandes, bei Stellen mit vereinigten Schul- und Kirchenämtern auch der Kirchengemeinde festsetzt, auf seine Dienstbezüge anzurechnen. Dieser Betrag soll dem am Wohnorte des Lehrers für Wohnungen derselben Art zu zahlenden Mietspreise entsprechen und darf die Höhe des Wohnungsgeldzuschusses nicht übersteigen.

§ 14.

(1) Die Einziehung einer Dienstwohnung ist nur mit Genehmigung der Schulaufsichtsbehörde zulässig.

(2) Die Genehmigung kann nur erteilt werden, wenn genügend Mietwohnungen zu angemessenen Preisen in dem Schulverbande vorhanden sind.

(3) Auf dem Lande sollen erste Lehrer und alleinstehende Lehrer in der Regel, bei Bedürfnis auch andere Lehrer Dienstwohnungen erhalten.

(4) Bei der Anlage und Veränderung von Dienstwohnungen sind die örtlichen Verhältnisse und die Amtsstellung des Wohnungsinhabers zu berücksichtigen.

(5) Die von der Dienstwohnung zu entrichtenden öffentlichen Lasten und Abgaben werden, soweit sie nicht nach den für die unmittelbaren Staatsbeamten geltenden Bestimmungen dem Wohnungsinhaber zur Last fallen, von den Schulunterhaltungspflichtigen getragen. Diesen liegt auch, unbeschadet der Verpflichtung Dritter aus besonderen Rechtstiteln, die bauliche Unterhaltung der Dienstwohnung insoweit ob, als sie nicht nach den für die unmittelbaren Staatsbeamten geltenden Bestimmungen dem Wohnungsinhaber zur Last fallen. Von dem an den Schulverband gezahlten Anrechnungssatze der Dienstwohnung (§ 39 b) sollen in Schulverbänden mit fünfundzwanzig oder weniger Schulstellen 25 v. H. zu einer Rücklage für Bau- und Ausbesserungsarbeiten an der Dienstwohnung angesammelt werden.

§ 15.

(1) Als Zubehör von Dienstwohnungen auf dem Lande soll, sofern es nach den örtlichen Verhältnissen tunlich ist, unter Anrechnung auf das Grundgehalt ein Hausgarten gewährt werden.

(2) Wo die örtlichen Verhältnisse es angebracht erscheinen lassen und ein Bedürfnis vorliegt, sollen den Lehrern auf dem Lande Landnutzungen gewährt werden, welche dem durchschnittlichen Bedürfnis einer Lehrerfamilie nach den örtlichen Wirtschaftsbedingungen entspricht. Zur Bewirtschaftung des Landes sind erforderlichenfalls Wirtschaftsgebäude herzustellen. Die von dem Schullande zu entrichtenden öffentlichen Lasten und Abgaben werden von den Schulunterhaltungspflichtigen getragen.

(3) Die Landnutzung ist mit einem angemessenen Betrage auf das Diensteinkommen anzurechnen.

(4) Eine Ablösung von Landnutzungen bedarf der Zustimmung der Beteiligten und der Genehmigung der Schulaufsichtsbehörde. Die mangelnde Zustimmung Beteiligter zur Ablösung von Landnutzungen, die über das Bedürfnis hinausgehen, kann auf Antrag der Schulaufsichtsbehörde durch den Kreisausschuß und, sofern es sich um Stadtschulen handelt, den Bezirksausschuß ersetzt werden. Die Entscheidung des Bezirksausschusses in erster und zweiter Instanz ist endgültig.

(5) Wo mit einer Stelle sonstige Berechtigungen verbunden sind, behält es dabei sein Bewenden.

7. Kinderbeihilfe.

§ 16.

Die Kinderbeihilfe wird nach den gleichen Grundsätzen gewährt wie in dem Gesetz über die Dienstbezüge der unmittelbaren Staatsbeamten (§ 11 des Preußischen Besoldungsgesetzes).

8. Sondervergütungen.

§ 17.

(1) Besondere in diesem Gesetz nicht vorgesehene Zulagen oder Vergütungen dürfen auch dann nicht gewährt werden, wenn damit Leistungen im Schulamte abgegolten werden sollen, die über das festgesetzte oder übliche Arbeitsmaß hinausgehen.

(2) Außerordentliche Bewilligungen an einzelne Lehrer sind nur aus besonderen Gründen mit Genehmigung der Schulaufsichtsbehörde zulässig.

9. Verbindung von Schul- und Kirchenamt.

§ 18.

(1) Die organische Verbindung zwischen Schul- und Kirchenamt ist zu lösen. Jedem Lehrer ist es gestattet, das Kantoren- und Organistenamt freiwillig zu übernehmen. Die Übernahme sonstiger Kirchendienste (niedere und höhere Küsterdienste) ist nicht gestattet. Eine Anrechnung des durch die freiwillige Verwaltung des Kantoren- und Organistenamts erzielten Nebeneinkommens auf das Diensteinkommen aus dem Schulamte darf nicht stattfinden.

(2) Bis zur Lösung der organischen Verbindung wird dem Stelleninhaber eine besondere ruhegehaltsfähige Kirchenamtszulage gewährt. Sie wird nach den im § 6 des Gesetzes über das Diensteinkommen der Lehrer und Lehrerinnen an den öffentlichen Volksschulen vom 26. Mai 1909 (Gesetzsammlung S. 93) enthaltenen Vorschriften bewilligt und festgesetzt.

(3) Bei Trennung des kirchlichen Amtes von dem Schulamte fällt die Kirchenamtszulage weg. Hat jedoch der Stelleninhaber ein mit einer Schulstelle organisch verbundenes Kirchenamt mindestens zehn Jahre ununterbrochen verwaltet, so erhält er von der zuletzt bezogenen Kirchenamtszulage ein Ruhegehalt, das sich unter Zugrundelegung der im Kirchenamte verbrachten Dienstzeit nach § 2 des Gesetzes, betreffend die Pensionierung der Lehrer und Lehrerinnen an den öffentlichen Volksschulen, vom 6. Juli 1885 (Gesetzsamml. S. 298) in der Fassung des Artikels III § 2 des Gesetzes vom 10. Juli 1923 (Gesetzsamml. S. 317) berechnet. Das Ruhegehalt wird jedoch nicht gezahlt, wenn und solange der Stelleninhaber das Kirchenamt gegen eine neue besondere Entschädigung nebenbei weiter versieht. Es fällt weg, wenn der Lehrer aus der von ihm bei Bewilligung des Ruhegehalts bekleideten Stelle freiwillig ausscheidet, ohne in den dauernden Ruhestand zu treten, oder in eine andere mit einem höheren Diensteinkommen ausgestattete Stelle im öffentlichen Schuldienste versetzt wird.

(4) Bei Versetzung eines Lehrers auf eine andere Stelle gilt der Verlust der Kirchenamtszulage nicht als eine Verkürzung des Diensteinkommens im Sinne des § 87 Nr. 1 des Gesetzes, betreffend die Dienstvergehen der nichtrichterlichen Beamten, vom 21. Juli 1852 (Gesetzsamml. S. 465). Die Vorschrift im Abs. 3 gilt sinngemäß.

(5) Die Vorschriften der Abs. 1 bis 4 finden bei dauernder Verbindung eines Schulamts mit einem jüdischen Kultusamt sinngemäß Anwendung.

10. Naturalleistungen.

§ 19.

(1) Wo bisher mit einer Schulstelle Naturalleistungen, wie die Lieferung von Brennstoff nebst Anfuhr und Zerkleinerung, die Gewährung von Deputatgetreide und sonstige Leistungen verbunden waren, behält es dabei bis zu ihrer Ablösung oder bis zur Aufhebung des bisherigen Gebrauchs sein Bewenden. Die Ablösung oder Aufhebung bedarf der Zustimmung der Beteiligten und der Genehmigung der Schulaufsichtsbehörde. Die mangelnde Zustimmung Beteiligter kann auf Antrag der Schulaufsichtsbehörde durch den Kreisausschuß, und, sofern es sich um Stadtschulen handelt, den Bezirksausschuß ersetzt werden, wenn der Umfang der Naturalleistungen über das Bedürfnis hinausgeht. Der Beschluß des Bezirsausschusses in erster oder zweiter Instanz ist endgültig.

(2) Wird eine Dienstwohnung auf einem Dienstgrundstücke gewährt, kann die Schulaufsichtsbehörde, sofern es bisher üblich war, die Beschaffung des dem Bedarf entsprechenden Brennstoffes für die Wohnung verlangen. Im übrigen wird an bestehenden Verpflichtungen zur Beschaffung, Anfuhr und Zerkleinerung von Brennstoffen für die Schule oder die Schulstelle nichts geändert.

(3) Der Wert der Naturalleistungen ist mit einem angemessenen Betrag auf das Diensteinkommen anzurechnen.

(4) Der Unterrichtsminister erläßt in Gemeinschaft mit dem Finanzminister über die Anrechnung der Diensteinkünfte in Geld und Naturalleistungen, einschließlich der Landnutzung, aber mit Ausschluß der Dienstwohnung, allgemeine Vorschriften mit bindender Wirkung für die Schulverbände und die Lehrer sowie für die Beschlußbehörden. Unter Zugrundelegung dieser Vorschriften setzt die Schulaufsichtsbehörde von Amts wegen die Beträge fest, mit denen die Diensteinkünfte in Geld und Naturalleistungen auf das Diensteinkommen des Lehrers anzurechnen sind. Gegen diese Festsetzung steht den Beteiligten binnen zweier Wochen die Beschwerde an den Kreisausschuß und, sofern es sich um Stadtschulen handelt, an den Bezirksausschuß zu. Der Beschluß des Bezirksausschusses in erster oder zweiter Instanz ist endgültig.

(5) Bei erheblicher Änderung der ihr zugrundeliegenden tatsächlichen Verhältnisse ist eine neue Festsetzung zulässig.

(6) Für die Festsetzung des Ruhegehalts kommt das Diensteinkommen als solches, nicht der Anrechnungswert seiner einzelnen Bestandteile, in Betracht.

II. Auftragsweise vollbeschäftigte und einstweilig angestellte Lehrer und Lehrerinnen.

1. Grundvergütung.

§ 20.

(1) Die auftragsweise in freien planmäßigen Schulstellen vollbeschäftigten und die einstweilig angestellten Lehrer erhalten im ersten und im zweiten Beschäftigungsjahr eine Grundvergütung von 2350 *RM*, im dritten und vierten Beschäftigungsjahr eine Grundvergütung von 2500 *RM* und im fünften Beschäftigungsjahr eine Grundvergütung von 2650 *RM* jährlich. Die in nichtfreien Stellen auftragsweise oder vertretungsweise vollbeschäftigten Lehrer erhalten die gleiche Grundvergütung wie die übrigen auftragsweise vollbeschäftigten Lehrer; in besonderen Fällen können Abweichungen durch die Schulaufsichtsbehörde genehmigt werden. Lehrerinnen wird die Grundvergütung gekürzt um 10 vom Hundert.

(2) Das Vergütungsdienstalter beginnt mit dem Tage des Eintritts in den öffentlichen Schuldienst, frühestens aber vom

Beginn des 21. Lebensjahres ab. Die Vorschriften der §§ 5 bis 7 über die Anrechnung von Dienstzeiten und des § 8 über die Festsetzung des Besoldungsdienstalters nach Unterbrechung des Dienstverhältnisses gelten sinngemäß. Ergeben sich aus dieser Berechnung der Dienstzeit für einzelne Lehrer unverschuldete Härten, so kann der Unterrichtsminister in Gemeinschaft mit dem Finanzminister das Vergütungsdienstalter nach der besonderen Lage des Einzelfalles festsetzen.

(3) Die Beschäftigungsdauer soll fünf Jahre nicht übersteigen. Ist ein Lehrer bis zur Vollendung des fünften Vergütungsdienstjahres aus Gründen, die nicht in seiner Person liegen, noch nicht endgültig angestellt, so erhält er vom Beginn des sechsten Vergütungsdienstjahres ab eine Grundvergütung in Höhe des Anfangsgrundgehalts des endgültig angestellten Lehrers. Verzögert sich die endgültige Anstellung eines Lehrers ohne sein Verschulden über die Vollendung des siebenten Dienstjahres hinaus, so kann der Unterrichtsminister in Gemeinschaft mit dem Finanzminister bestimmen, daß die Grundvergütung des Lehrers auch über das Anfangsgrundgehalt hinaus nach Dienstaltersstufen mit zweijähriger Aufrückungsfrist weitersteigt, jedoch nicht über den Satz von 3 800 *RM*, bei Lehrerinnen von 3 420 *RM* hinaus.

(4) Die Leiter von Schulen mit sechs oder mehr Klassen und die Leiter von besonderen Veranstaltungen für körperlich oder geistig nicht normal entwickelte Kinder mit vier oder mehr aufsteigenden Klassen, sowie die Lehrkräfte, die die Anstellungsfähigkeit für das höhere Schulamt oder das Pfarramt erlangt haben. erhalten auch bei einstweiliger Anstellung das Anfangsgrundgehalt oder, wenn sie vor dem Übertritt in den Volksschuldienst schon an einem anderen Orte im öffentlichen Schuldienst endgültig angestellt waren, das ihrem Dienstalter als Lehrer entsprechende Grundgehalt. Daneben erhalten sie gegebenenfalls die ruhegehaltsfähigen Stellenzulagen nach § 3 dieses Gesetzes.

§ 21.

(1) Die höheren Grundvergütungssätze (§ 20 Abs. 1 bis 3) werden vom Ersten des Kalendermonats ab gezahlt, in den der Eintritt in das neue Vergütungsdienstjahr fällt.

(2) Das Aufrücken in der Grundvergütung kann versagt werden, wenn das dienstliche oder außerdienstliche Verhalten des Lehrers in erheblichem Maße zu beanstanden ist.

(3) Vor der Verfügung ist dem Lehrer Gelegenheit zu geben, sich über die Gründe der beabsichtigten Maßregel zu äußern. Wird das Aufrücken versagt, so sind ihm die Gründe schriftlich mitzuteilen.

(4) Gegen die Verfügung steht dem Lehrer die Beschwerde an den Unterrichtsminister zu, sofern die Verfügung nicht von diesem selbst erlassen ist.

(5) Nach Behebung der Beanstandungen ist der vorläufig versagte Grundvergütungssatz zu gewähren, und zwar vom Ersten des Monats ab, in dem die Gewährung ausgesprochen wird. Nur aus besonderen Gründen ist sie von einem früheren Zeitpunkt ab zulässig. Sie bedarf der Genehmigung des Unterrichtsministers.

(6) Die einstweilige Versagung der Aufrückung hat für sich allein nicht die Wirkung, daß dadurch der Zeitpunkt für das Aufsteigen in die nächsthöhere Vergütungsstufe hinausgeschoben wird.

2. Wohnungsgeldzuschuß.

§ 22.

Diese auftragsweise vollbeschäftigten und einstweilig angestellten Lehrer erhalten neben der Grundvergütung den Wohnungsgeldzuschuß, den sie als endgültig angestellte Lehrer in der ersten Dienstaltersstufe beziehen würden.

§§ 10, 11 und 12 finden Anwendung.

3. Dienstwohnung.

§ 23.

Wird den auftragsweise vollbeschäftigten und einstweilig angestellten Lehrern eine Dienstwohnung zugewiesen, so gelten die §§ 13, 14 und 15 sinngemäß.

4. Kinderbeihilfe.

§ 24.

Den auftragsweise vollbeschäftigten und einstweilig angestellten Lehrern wird die gleiche Kinderbeihilfe gewährt wie den endgültig angestellten Lehrern.

5. Sondervergütungen.

§ 25.

Für die auftragsweise vollbeschäftigten und einstweilig angestellten Lehrer finden die §§ 17, 18, 19 und 32 sinngemäß Anwendung.

III. Ruhegehalt, Wartegeld und Hinterbliebenenbezüge.

1. Änderung des Lehrerruhegehaltsgesetzes.

§ 26.

Das Gesetz, betreffend die Pensionierung der Lehrer und Lehrerinnen an den öffentlichen Volksschulen vom 6. Juli 1885 (Gesetzsamml. S. 298) in der Fassung des Gesetzes vom 10. Juni 1907 (Gesetzsamml. S. 133) mit seinen Ergänzungsgesetzen wird wie folgt geändert:

1. An Stelle des Artikels I § 4 treten folgende Vorschriften:

(1) Das Ruhegehalt wird von dem auf Grund des Volksschullehrerbesoldungsgesetzes zuletzt bezogenen Diensteinkommen berechnet, soweit es aus Grundgehalt oder Grundvergütung und Wohnungsgeldzuschuß besteht. Der Wohnungsgeldzuschuß wird mit dem ungekürzten Satze der Ortsklasse B angerechnet, und zwar auch dann, wenn der Lehrer einen Wohnungsgeldzuschuß nicht oder nur teilweise bezogen hat. § 10 Abs. 3 und Abs. 4 des Volksschullehrerbesoldungsgesetzes gilt entsprechend. Ruhegehaltsfähig sind ferner die zuletzt bezogenen Stellenzulagen (§ 3 des Volksschullehrerbesoldungsgesetzes) und die Kirchenamtszulage (§ 18 des Volksschullehrerbesoldungsges.).

(2) Andere Beträge und Nebenbezüge, insbesondere auch Aufwandsentschädigungen und die Kinderbeihilfen, sind nicht ruhegehaltsfähig.

2. Artikel I § 6 erhält folgenden Absatz 3:

(3) Bei Berechnung der Dienstzeit kommt ferner die Zeit in Anrechnung, die einem Lehrer auf Grund des § 5 Abs. 5 und 6 und der §§ 6 und 7 des Volksschullehrerbesoldungsgesetzes auf das Besoldungsdienstalter angerechnet ist.

3. Im Artikel I § 15 ist zu setzen an Stelle des „Unterrichtsministers" und den „Unterrichtsminister" des „Oberpräsidenten" und den „Oberpräsidenten".

4. Artikel I § 17 erhält folgende Fassung:

Das Ruhegehalt wird monatlich im voraus durch die Landesschulkasse an die Bezugsberechtigten unmittelbar gezahlt (§ 39 Abs. 3 des Volksschullehrerbesoldungsgesetzes). Der Finanzminister kann bestimmen, daß das Ruhegehalt bei Überweisung auf ein Konto vierteljährlich im voraus gezahlt werden darf.

5. Artikel I § 25 Abs. 4 erhält folgende Fassung:

(4) Die Zahlung kann auf Verfügung dieser Behörde auch dann stattfinden, wenn der pensionierte Lehrer oder die pensionierte Lehrerin Verwandte der aufsteigenden Linie, Geschwister, Geschwisterkinder oder Pflegekinder, deren Ernährer er (sie) ganz oder überwiegend gewesen ist, in Bedürftigkeit hinterläßt, oder wenn und soweit der Nachlaß nicht ausreicht, um die Kosten der letzten Krankheit und der Beerdigung zu decken.

2. Änderung des Hinterbliebenenfürsorgegesetzes.

Das Gesetz, betreffend die Fürsorge für die Witwen und Waisen der Lehrer an den öffentlichen Volksschulen, vom 4. Dezember 1899/10. Juni 1907 (Gesetzsamml. S. 587/S. 137) in der Fassung des Artikels V des Gesetzes vom 10. Juli 1923 (Gesetzsamml. S. 317) mit seinen Ergänzungsgesetzen wird wie folgt geändert:

1. § 3 Abs. 2 erhält folgende Fassung:

(2) Das Witwengeld soll jedoch, vorbehaltlich der im § 5 verordneten Beschränkung, nicht hinter einem Drittel des niedrigsten ruhegehaltsfähigen Diensteinkommens aus der Besoldungsgruppe A 12 der aufsteigenden Gehälter der unmittelbaren Staatsbeamten zurückbleiben. Der Jahresbetrag des Witwen- und Waisengeldes ist, jedes für sich, auf volle drei Reichsmark nach oben abzurunden.

2. Im § 7a tritt an die Stelle des angezogenen Artikels I § 20 Abs. 3 des Gesetzes vom 6. Juli 1885 in der Fassung des § 25 Nr. 5 des Volksschullehrer-Diensteinkommensgesetzes vom 17. Dezember 1920 (Gesetzsamml. S. 623) und des Artikels III § 5 des Gesetzes vom 10. Juli 1923 (Gesetzsamml. S. 317) „Artikel I § 20a des Gesetzes vom 6. Juli 1885 in der Fassung des § 31 Nr. 3 des Gesetzes vom 25. März 1926 (Gesetzsamml. S. 105)".

3. § 10 Abs. 2 erhält folgende Fassung:

Das Witwen- und Waisengeld wird monatlich im voraus durch die Landesschulkasse an die Bezugsberechtigten unmittelbar gezahlt (§ 39 Abs. 3 des Volksschullehrer-Besoldungsgesetzes). An wen die Zahlung gültig zu leisten ist, bestimmt die Schulaufsichtsbehörde.

3. Änderung des Ruhegehalts, Wartegeldes und der Hinterbliebenenbezüge.

§ 28.

Das Ruhegehalt und das Wartegeld der zum 1. Oktober 1927 oder zu einem früheren Zeitpunkte in den dauernden oder einstweiligen Ruhestand versetzten Lehrer, ebenso das Witwen- und Waisengeld der Hinterbliebenen dieser Lehrer und der vor dem 1. Oktober 1927 im Amte verstorbenen Lehrer wird mit Wirkung vom 1. Oktober 1927 nach Maßgabe der Bestimmungen für die unmittelbaren Staatsbeamten (§§ 19 flg. des Preußischen Besoldungsgesetzes) erhöht. Auf die Erhöhung kommt für die Schulleiter, die vom 1. April 1927 ab ruhegehaltsfähige Ausgleichszulagen aus der Staatskasse bezogen haben und zum 1. Oktober 1927 oder zu einem früheren Zeitpunkt in den Ruhestand getreten sind der Teil ihres Ruhegehalts in Anrechnung, der von dieser Ausgleichszulage berechnet ist. Ist dieser Teilbetrag höher als die Erhöhung des Ruhegehalts, die sich nach der vorstehenden Bestimmung ergibt, so wird der höhere Betrag gewährt.

4. Kinderbeihilfe an Ruhegehalts-, Wartegeldempfänger und Hinterbliebene.

§ 29.

Die im § 16 vorgesehene Kinderbeihilfe wird in der gleichen Weise unter den gleichen Voraussetzungen den einstweilig oder dauernd in den Ruhestand versetzten Lehrern sowie für die Kinder der im Amte oder Ruhestande verstorbenen Lehrer gewährt.

IV. Gnadenbezüge.

§ 30.

(1) Hinsichtlich der Gewährung von Gnadenbezügen an die Hinterbliebenen eines an einer öffentlichen Volksschule angestellten Lehrers finden die für die unmittelbaren Staatsbeamten bestehenden Bestimmungen entsprechend Anwendung. Auch den ehelichen Nachkommen einer Lehrerin steht der Anspruch auf Gnadenbezüge zu.

(2) An wen die Gnadenbezüge zu leisten sind, bestimmt die Schulaufsichtsbehörde.

§ 31.

(1) Im Genusse der Dienstwohnung ist die hinterbliebene Familie, welche mit dem Verstorbenen die Wohnung geteilt hat, nach Ablauf des Sterbemonats noch drei Monate zu belassen. Hinterbleibt eine solche Familie nicht, so ist denen, auf die der Nachlaß übergeht, eine vom Todestag an zu rechnende 30tägige Frist zur Räumung der Dienstwohnung zu gewähren.

(2) In jedem Falle muß auf Erfordern der Schulaufsichtsbehörde demjenigen, welcher mit der Verwaltung der Stelle beauftragt ist, ohne Anspruch auf Entschädigung in der Dienstwohnung ein Unterkommen gewährt werden.

V. Zahlungsweise des Diensteinkommens.

§ 32.

(1) Die Dienstbezüge der Lehrer, soweit sie in festen Barbezügen bestehen, werden monatlich im voraus gezahlt. Der Finanzminister kann bestimmen, daß die Dienstbezüge der endgültig angestellten Lehrer bei Überweisung auf ein Konto vierteljährlich im voraus gezahlt werden dürfen.

(2) Der Finanzminister ist ermächtigt, Vorschriften über die Abrundung der auszuzahlenden Beträge zu erlassen.

VI. Umzugs- und Reisekosten.

§ 33.

(1) Die Lehrer an den öffentlichen Volksschulen erhalten bei Versetzungen eine Vergütung oder Beihilfe für Umzugskosten aus der Landesschulkasse nach den für die unmittelbaren Staatsbeamten geltenden Grundsätzen. Erfolgt die Versetzung auf Antrag des Schulverbandes, so hat dieser der Landesschulkasse die Kosten des Umzugs zu erstatten.

(2) Bei Versetzungen gilt der Verlust einer Dienstwohnung nebst Hausgarten oder die Verringerung des Wohnungsgeldzuschusses (§ 12 Abs. 4) nicht als Verringerung des Diensteinkommens.

(3) Bei Dienstreisen, die infolge eines besonderen im Einzelfalle erteilten Auftrages der Schulaufsichtsbehörde ausgeführt werden und für die besondere Mittel nicht zur Verfügung stehen, erhalten die Lehrer Fahrkosten und Tagegelder (Übernachtungsgelder) nach den für die unmittelbaren Staatsbeamten geltenden Grundsätzen.

VII. Rechtsweg.

§ 34.

Auf die Lehrer an den öffentlichen Volksschulen finden die Bestimmungen des ersten Abschnitts des Gesetzes, betreffend die Erweiterung des Rechtswegs, vom 24. Mai 1861 (Gesetzsamml. S. 241) mit folgender Maßgabe Anwendung:

1. Die Klage ist gegen die Landesschulkasse, vertreten durch den Kassenanwalt, und soweit es sich um Leistungen handelt, für die die Schulunterhaltungspflichtigen unmittelbar einzutreten haben, gegen diese zu richten.
2. Im Falle des § 2 a. a. O. tritt an die Stelle des Verwaltungschefs der Oberpräsident, in den Hohenzollernschen Landen der Unterrichtsminister.
3. Bei der richterlichen Beurteilung sind die auf Grund dieses Gesetzes erfolgten Festsetzungen über die Dienstbezüge der Stelle, insbesondere über die Höhe des Grundgehalts und der Grundvergütung, der Stellenzulagen, der Kirchenamtszulage, des Wohnungsgeldzuschusses und der Kinderbeihilfe, über Dienstwohnung, Dienstland, Naturalleistungen sowie über die Anrechnung von Dienstbezügen auf das Grundgehalt zugrunde zu legen.

VIII. Auseinandersetzung bei Lehrerwechsel.

§ 35.

(1) Bei Streitigkeiten zwischen dem abgehenden Lehrer oder den Erben des verstorbenen Lehrers und dem anziehenden Lehrer oder dem Schulverband über die Auseinandersetzung wegen der Landnutzung, der Naturalleistungen, der Dienstwohnung einschließlich des Hausgartens oder des baren Diensteinkommens trifft die Schulaufsichtsbehörde, vorbehaltlich des Rechtswegs, eine im Verwaltungswege vollstreckbare einstweilige Entscheidung. Bei Versetzungen kann sie anordnen, daß die von dem Lehrer zuviel erhobenen Beträge für seine Rechnung den Schulunterhaltungspflichtigen unmittelbar aus den Bezügen erstattet werden, welche der Lehrer in der neuen Schulstelle zu empfangen hat.

(2) Die Schulaufsichtsbehörde ist befugt, die Entscheidung allgemein den ihr nachgeordneten Behörden zu übertragen.

IX. Aufbringung der persönlichen Volksschullasten.

Landesschulkasse.

§ 36.

(1) Alle Schulverbände (Schulgemeinden) werden zum Ausgleiche der persönlichen Volksschullasten zu einer Landesschulkasse vereinigt. Diese ist als Rechtsnachfolgerin der früheren Volksschullehrer-Alterszulage-, Ruhegehalts- und Witwen- und Waisenkassen Trägerin ihres Vermögens und ihrer Verbindlichkeiten.

(2) Die Landesschulkasse erhält die erforderlichen Geldmittel:

a) durch Staatsbeiträge (Besoldungsbeiträge) — §§ 41 und 42;

b) durch Schulverbands- (Schulgemeinde-) Beiträge — §§ 43, 44 und 45;

c) durch sonstige Einnahmen.

§ 37.

(1) Die Landesschulkasse besitzt die Rechte der Körperschaften des öffentlichen Rechts. Sie wird von dem Unterrichtsminister und dem Finanzminister verwaltet und von ihnen nach außen vertreten, soweit die Vertretung nicht dem Kassenanwalt zusteht (§ 38 Abs. 3 Satz 4).

(2) Die Kassengeschäfte werden durch die Generalstaatskasse und die ihr unterstellten Kassen unentgeltlich geführt.

§ 38.

(1) Zur Wahrnehmung der Rechte der Schulverbände (Schulgemeinden) bei der Verwaltung der Kasse werden von dem Unterrichtsminister in Gemeinschaft mit dem Finanzminister ein Kassenanwalt und ein oder mehrere Stellvertreter ernannt. Die Vergütungen des Kassenanwalts, seiner Stellvertreter sowie der ihm etwa beigegebenen Beamten und Hilfskräfte werden von dem Unterrichtsminister und dem Finanzminister festgesetzt.

(2) Der Kassenanwalt ist berechtigt, die Berechnung der Beitragssätze (§ 44) zu prüfen. Die Festsetzung bedarf seiner Zustimmung.

(3) Der Kassenanwalt hat die Aufgabe, sich davon zu überzeugen, daß die Verwaltung der Landesschulkasse ordnungsmäßig geführt wird. Er ist berechtigt, Einsicht in die Verwaltungen der Schulverbände zu nehmen, soweit die Verwaltung der Landesschulkasse damit im Zusammenhang steht. Verträge, welche die Landesschulkasse abschließt, bedürfen seiner Zustimmung. In Zivilprozessen und im Verwaltungsstreitverfahren vertritt er die Landesschulkasse vor Gericht.

(4) Der Kassenanwalt bestellt nach Bedarf bei den Regierungen und dem Provinzialschulkollegium in Berlin einen Beauftragten, der nach seiner Weisung die Befugnisse des Kassenanwalts gegenüber den Bezirks-, Kreis- und Ortsbehörden wahrnimmt. Von jeder Festsetzung von Ruhegehalt, Wartegeld und Witwen-

und Waisengeld ist dem Kassenanwalt oder, wo ein Beauftragter bestellt ist, diesem Kenntnis zu geben. Auf Verlangen des Kassenanwalts oder des Beauftragten ist ihm zur Prüfung der Festsetzung Einsicht in die Rechnungsgrundlagen zu gewähren. Gegen die Festsetzung des Ruhegehalts, Wartegeldes oder des Witwen- und Waisengeldes steht dem Kassenanwalt oder seinem Beauftragten innerhalb eines Monats nach Mitteilung der Festsetzung die Beschwerde an den Oberpräsidenten und gegen dessen Bescheid binnen sechs Wochen an den Unterrichtsminister und den Finanzminister zu. Die Beschwerde hat keine aufschiebende Wirkung.

§ 39.

(1) Die Landesschulkasse übernimmt:

a) die Zahlung der nach dem Gesetz zu gewährenden baren Dienstbezüge einschließlich der Stellenzulagen, Kirchenamtszulagen, des örtlichen Sonderzuschlags und der Kinderbeihilfen an die Lehrer, soweit sie in planmäßigen Stellen angestellt oder in freien planmäßigen Stellen vollbeschäftigt werden, sowie der Gnadenbezüge;

b) die Erstattung des Wertes der den Stelleninhabern auf ihr Diensteinkommen angerechneten Landnutzung, Naturalleistungen und anderen Dienstbezüge oder einer Dienstwohnung an die Schulverbände (Schulgemeinden);

c) die Zahlung des Ruhegehalts, auch des Ruhegehalts aus der Kirchenamtszulage (§ 18 Abs. 3 und 4), des Wartegeldes und der Hinterbliebenenbezüge einschließlich der Gnadenbezüge sowie der Hinterbliebenenbezüge, zu deren Zahlung die Stadt Berlin und die nach § 15 des Gesetzes vom 4. Dezember 1899, betreffend die Fürsorge für die Witwen und Waisen der Lehrer an öffentlichen Volksschulen (Gesetzsamml. S. 587). einer Volksschullehrer-Witwen- und Waisenkasse nicht angeschlossenen Schulverbände verpflichtet sind;

d) die Vergütung der Umzugskosten (§ 33 Abs. 1) sowie der nach § 33 Abs. 3 zu zahlenden Reisekosten bei Dienstreisen;

e) die Vergütung der Lehrer, die mit der vertretungsweisen Verwaltung von Schulstellen beauftragt sind, deren Inhaber an der Ausübung ihres Amtes durch ihre Tätigkeit als Mitglieder des Reichstages oder des Preußischen Landtages behindert sind;

f) die Vergütung der vertretungsweise beschäftigten Lehrer, wenn der Stelleninhaber vom Amte suspendiert ist und eine Vertretung durch andere Lehrer desselben Schulverbandes nicht möglich ist. In diesen Fällen bedarf es zur Übernahme der Vertretungskosten auf die Landesschulkasse der Zustimmung des Kassenanwalts. Die Zahlung der Vertretungskosten erfolgt sodann aus der Landesschulkasse vorbehaltlich der Rückerstattung, sofern und soweit der einbehaltene Teil des

Diensteinkommens nach Abschluß des Disziplinarverfahrens zur Deckung der Vertretungskosten verwendet werden kann;

g) die Gewährung von Notstandsbeihilfen und Unterstützungen an die im Dienste befindlichen Lehrer, die Ruhegehalts- und Wartegeldempfänger und die Hinterbliebenen. Der Gesamtbetrag der aus der Landesschulkasse zu bewilligenden Unterstützungen darf die von dem Unterrichtsminister in Gemeinschaft mit dem Finanzminister festzusetzende Summe nicht übersteigen.

(2) Die Dienstbezüge der Lehrer (a und b), die Umzugs- und Reisekosten (d), die Vertretungsentschädigungen (e und f) sowie die Notstandsbeihilfen und Unterstützungen (g) werden von der Landesschulkasse an die Bezugsberechtigten gezahlt. Die Schulaufsichtsbehörde kann für einzelne Schulverbände (Schulgemeinden) und auch für einzelne Lehrer Zahlung durch Vermittlung der Schulkassen oder der Gemeindekassen erfolgen lassen, ohne daß dafür eine Entschädigung gezahlt wird. Die vorbezeichneten Kassen haben auch auf Grund einer allgemeinen Anweisung des Unterrichtsministers oder der Schulaufsichtsbehörde Zahlungslisten aufzustellen und danach zu zahlen. Das Zahlungsgeschäft umfaßt auch die Rechnungslegung, die Arbeiten für den reichsgesetzlichen Steuerabzug und die sonstigen mit dem Zahlgeschäft verbundenen Arbeiten.

(3) Die Ruhegehälter, Wartegelder und Hinterbliebenenbezüge (c) werden in der Regel unmittelbar an die Bezugsberechtigten gezahlt.

§ 40.

(1) Für jedes mit dem 1. April beginnende Rechnungsjahr wird der Bedarf der Kasse nach den wirklichen Ausgaben an Dienstbezügen, Ruhegehältern, Wartegeldern und Hinterbliebenenbezügen sowie an sonstigen Ausgaben im vorhergehenden Rechnungsjahr unter Berücksichtigung der voraussichtlichen Steigerung oder Verminderung der Ausgaben von dem Unterrichtsminister und dem Finanzminister festgestellt. Diese sind ermächtigt, der Bedarfsberechnung ein durchschnittliches Diensteinkommen zugrunde zu legen. Bei der Feststellung des Bedarfs sind auch die voraussichtlichen Verwaltungskosten, auch die des Kassenanwalts, sowie eine angemessene Betriebsrücklage zu berücksichtigen.

(2) Bei erheblicher Änderung der Dienstbezüge kann der Bedarf im Laufe des Rechnungsjahres von neuem berechnet und verteilt werden.

(3) Ersparnisse oder Fehlbeträge eines Rechnungsjahres sind in der Bedarfsberechnung für das dem Kassenabschlusse folgende Rechnungsjahr abzusetzen oder zuzusetzen.

§ 41.

(1) Der Staat zahlt an die Landesschulkasse — mit der aus § 42 sich ergebenden Einschränkung —

a) ein Viertel des den endgültig und einstweilig angestellten Lehrern sowie den in freien planmäßigen Schulstellen auftragsweise vollbeschäftigten Lehrern zustehenden und der Bedarfsberechnung (§ 40) zugrunde gelegten Betrages an Grundgehalt oder Grundvergütung (§§ 2 und 20), Stellenzulagen (§ 3), Wohnungsgeldzuschuß (§§ 10 und 22) und Kinderbeihilfe (§§ 16 und 24), einschließlich des Wertes, mit dem Landnutzung, Naturalleistungen oder andere Dienstbezüge sowie eine Dienstwohnung dem einzelnen Stelleninhaber auf sein Diensteinkommen angerechnet werden;

b) ein Viertel der im laufenden Rechnungsjahre tatsächlich gezahlten Ruhegehälter, Wartegelder, Witwen- und Waisenbezüge, einschließlich der Kinderbeihilfen und der noch gewährten Frauenbeihilfen, aber ausschließlich der Ruhegehälter für die Lehrer, die aus einer Stelle an einer öffentlichen mittleren Schule in den Ruhestand getreten sind und bis Ende März 1920 ihr Ruhegehalt aus der früheren Volksschullehrer-Ruhegehaltskasse bezogen haben;

c) einen durch den Staatshaushaltsplan festzusetzenden Betrag zu Notstandsbeihilfen und Unterstützungen.

(2) Außer Betracht bleiben neu errichtete Stellen, bis diese durch eine besondere Lehrkraft versehen werden.

§ 42.

(1) Bestehen in einem Schulverbande (Schulgemeinde) am 1. Februar vor Beginn des Rechnungsjahres mehr Schulstellen, als für je 60 Kinder erforderlich sind, so berechnet sich der Staatsbeitrag nach dem Diensteinkommen der für je 60 Kinder erforderlichen Stellen. Bei der Feststellung der Stellenzahl bleiben neu errichtete Schulstellen außer Betracht, bis sie durch eine besondere Lehrkraft versehen werden. Ist die Zahl der Schulkinder in solchen Schulverbänden durch 60 nicht teilbar, so wird bei den Schulverbänden (Schulgemeinden) mit nicht mehr als 7 Schulstellen angenommen, daß die nächsthöhere durch 60 teilbare Zahl von Schulkindern vorhanden wäre. Die Zahl der sich danach ergebenden nicht staatsbeitragsberechtigten Stellen bleibt für das laufende Rechnungsjahr unverändert. Bei der Feststellung der Kinderzahl sind auch solche nicht reichsangehörige die Volksschule besuchende Kinder mit zu berücksichtigen, die nach § 6 Abs. 2 Satz 2 des Volksschulunterhaltungsgesetzes vom 28. Juli 1906 (Gesetzsamml. S. 335) in der Fassung des Gesetzes vom 18. April 1928 (Gesetzsamml. S. 88) von der Entrichtung eines Fremdenschulgeldes befreit sind (§ 46 Abs. 1).

(2) Sind in einem Schulverband auf Grund gesetzlicher Vorschrift Volksschulen verschiedener Bekenntnisse vorhanden, so ist der Betrag, von dem der Staat ein Viertel zur Landesschulkasse

zu zahlen hat, für die Volksschulen der verschiedenen Bekenntnisse ohne Rücksicht auf die anderen Schularten besonders festzustellen.

(3) Das gleiche gilt, wenn ein Schulverband mit insgesamt nicht mehr als sieben Schulstellen wegen weiter räumlicher Entfernung oder unzulänglicher Wegeverbindungen nach Entscheidung der Schulaufsichtsbehörde gezwungen ist, mehrere Schulen desselben Bekenntnisses zu unterhalten.

§ 43.

Zur Aufbringung des durch den Staatsbeitrag und die sonstigen Einnahmen nicht gedeckten Bedarfs der Landesschulkasse sind die Schulverbände (Schulgemeinden) verpflichtet. Die Beiträge der Schulverbände sind erforderlichenfalls im Verwaltungszwangsverfahren beizutreiben.

§ 44.

(1) Der Beitragssatz wird von dem Unterrichtsminister und dem Finanzminister berechnet und nach Zustimmung des Kassenanwalts festgesetzt. Die Bekanntgabe des Beitragssatzes erfolgt in den einzelnen Regierungsamtsblättern oder in den amtlichen Schulblättern, für den Bezirk der Stadt Berlin im Amtsblatt oder im amtlichen Schulblatt für den Stadtkreis Berlin. Die Bekanntmachung muß auch die Sätze für die Zahlungen enthalten, welche nach § 45 für die einzelnen Arten von Schulstellen und welche von den Schulverbänden (Schulgemeinden) zu leisten sind, deren Lehrer den Wohnungsgeldzuschuß der Sonderklasse und der Ortsklasse A erhalten.

(2) Die Zahl der für die Aufbringung der Beiträge maßgebenden Schulstelleneinheiten (§ 45 Abs. 4) wird von der Schulaufsichtsbehörde für die Dauer von drei Jahren festgesetzt und den einzelnen Schulverbänden (Schulgemeinden) sowie dem Kassenanwalt oder seinem Beauftragten schriftlich mitgeteilt. Treten nachträglich Änderungen in den Schulstellen ein, so sind die Schulstelleneinheiten für die betreffenden Schulverbände (Schulgemeinden) von neuem festzusetzen und in gleicher Weise bekanntzugeben. Gegen die Festsetzung der auf den einzelnen Schulverband (Schulgemeinde) entfallenden Schulstelleneinheiten steht den Schulverbänden (Schulgemeinden) und dem Kassenanwalt oder seinem Beauftragten binnen 4 Wochen vom Tage der Bekanntgabe der Schulstelleneinheiten an der Einspruch bei der Schulaufsichtsbehörde und gegen deren Bescheid binnen 2 Wochen die Klage im Verwaltungsstreitverfahren beim Bezirksausschuß offen. Die Klage ist gegen die Schulaufsichtsbehörde und gegen die Landesschulkasse zu richten.

(3) Einspruch und Klage können nur darauf gestützt werden, daß die Berechnung des Beitrags nicht richtig oder eine Verpflichtung zur Beitragszahlung überhaupt nicht gegeben sei. Eine Anfechtung der Berechnung des Kassenbedarfs ist nicht zulässig.

§ 45.

(1) Der Bedarf der Landesschulkasse (§ 40) wird zunächst durch den Staatsbeitrag, durch Überweisung von Mitteln aus dem Finanzausgleichsgesetz oder dem Preußischen Ausführungsgesetz zum Finanzausgleichsgesetz und durch sonstige Einnahmen gedeckt.

(2) Schulverbände (Schulgemeinden), in denen Kirchenamtszulagen (§ 18) gewährt werden, haben die im Laufe des Rechnungsjahres zu zahlenden Kirchenamtszulagen mit einem Zuschlage von 20 v. H. an die Landesschulkasse einzuzahlen.

(3) Schulverbände (Schulgemeinden), deren Lehrer den Wohnungsgeldzuschuß der Sonderklasse oder der Ortsklasse A oder örtliche Sonderzuschläge erhalten, haben einen besonderen Beitrag an die Landesschulkasse zu zahlen. Dieser Beitrag wird festgesetzt beim Wohnungsgeldzuschuß für jede vorhandene Schulstelle auf den Unterschiedsbetrag zwischen dem einem Lehrer im Anfangsgrundgehalte zu zahlenden Wohnungsgeldzuschuß in der Sonderklasse oder in der Ortsklasse A und dem einem solchen Lehrer zu zahlenden Wohnungsgeldzuschuß in der Ortsklasse B, bei den örtlichen Sonderzuschlägen auf den Betrag des für einen Lehrer (Lehrerin) im Anfangsgrundgehalte zu zahlenden örtlichen Sonderzuschlages.

(4) Der verbleibende Bedarf der Landesschulkasse wird nach der Zahl der Schulstelleneinheiten auf die Schulverbände (Schulgemeinden) umgelegt (§ 44). Zur Feststellung der Schulstelleneinheiten sind anzusetzen:

a) Schulstellen, für die der Staatsbeitrag nicht gezahlt wird (§ 42), mit je 1,3 Einheiten;
b) Schulstellen für Lehrer, die an gehobene Klassen (Klassen mit erweitertem Lehrziel) zur dauernden vollen Beschäftigung überwiesen sind, mit je 1,1 Einheiten, für Lehrerinnen an solchen Klassen mit je 1 Einheit;
c) alle übrigen Lehrstellen mit je 1 Einheit, alle übrigen Lehrerinnenstellen mit je 0,9 Einheit.

Der auf eine Einheit entfallende Beitrag ist abzurunden. Nach der Umlegung des Bedarfs haben die Schulverbände (Schulgemeinden) den Beitragseinheitssatz vervielfacht mit der Zahl ihrer Stelleneinheiten zu entrichten.

(5) Schulstellen, für die ein Staatsbeitrag nicht gezahlt wird, sind für die Beitragserhebung immer bei der Zahl der einfachen Lehrerstellen (Abs. 4 zu c) abzusetzen.

(6) Außer Betracht bleiben neuerrichtete Stellen, bis sie durch eine besondere Lehrkraft versehen werden.

Bei Errichtung neuer Stellen ist der Kassenanwalt zu hören.

(7) Für eine Stelle, deren Besetzung oder Verwaltung durch eine besondere Lehrkraft wegen Rückganges der Schülerzahl mit Genehmigung der Schulaufsichtsbehörde ohne förmliche Aufhebung der Stelle unterbleibt, kann vom Beginne des auf die Stellenerledigung folgenden Rechnungsjahres ab von der Einziehung des

Beitrags mit Zustimmung des Kassenanwalts so lange abgesehen werden, bis ihre Wiederbesetzung durch eine besondere Lehrkraft erfolgt oder von der Schulaufsichtsbehörde angeordnet wird. Solange diese Stelle hiernach unbesetzt bleibt, unterliegt sie nicht den Bestimmungen des Unterbringungsgesetzes vom 30. März 1920 (Gesetzsamml. S. 63).

(8) Wenn auf Grund der Preußischen Personal-Abbau-Verordnung vom 8. Februar 1924 (Gesetzsamml. S. 73) und des Preußischen Personal-Abbau-Abwicklungsgesetzes vom 25. März 1926 (Gesetzsamml. S. 105) die Besetzung oder Verwaltung einer Stelle durch eine besondere Lehrkraft im Interesse der Personalverminderung unterbleibt, kann schon von dem Eintritt der Stellenerledigung ab von der Einziehung des Beitrags an die Landesschulkasse nach Maßgabe der Bestimmung im Abs. 7 abgesehen werden.

§ 46.

(1) Der Staat zahlt an jeden Schulverband und jeden Unterhaltungsträger öffentlicher mittlerer Schulen für jedes am 1. Februar vor Beginn des Rechnungsjahres die Volksschule oder eine öffentliche mittlere Schule besuchende schulpflichtige Kind ein Beschulungsgeld, dessen Höhe von dem Unterrichtsminister und dem Finanzminister festgesetzt wird. Die Festsetzung kann bei erheblicher Änderung der ihr zugrunde liegenden Verhältnisse im Laufe des Rechnungsjahres geändert werden. Das Beschulungsgeld wird auch für solche nicht reichsangehörige die Volksschule besuchende Kinder gezahlt, die nach § 6 Abs. 2 Satz 2 des Volksschulunterhaltungsgesetzes vom 28. Juli 1906 (Gesetzsamml. S. 35) in der Fassung des Gesetzes vom 18. April 1928 (Gesetzsamml. S. 88) von der Entrichtung eines Fremdenschulgeldes befreit sind.

(2) Bei Feststellung der Kinderzahl in den Volksschulen wird die Kinderzahl bis zu 60 und die über 60 oder ein Vielfaches von 60 hinausgehende Kinderzahl voll für 60 gerechnet. Bestehen jedoch in einem Schulverbande (Schulgemeinde) weniger Volksschulstellen, als für je 60 Kinder erforderlich sind, so wird das Beschulungsgeld nur bis zur Höchstzahl von 60 Schulkindern für je eine Schulstelle gezahlt. § 45 Abs. 6 Satz 1 gilt entsprechend. Sind in einem Schulverbande Schulen verschiedener Bekenntnisse auf Grund gesetzlicher Bestimmungen vorhanden, so erfolgt die Feststellung der für die Höhe des Beschulungsgeldes maßgebenden Zahl besonders für die Schulen der verschiedenen Bekenntnisse. In gleicher Weise ist zu verfahren im Falle des § 42 Abs. 3.

(3) Schulkinder, die aus einem Schulverbande (Schulgemeinde) gastweise der Schule eines anderen Schulverbandes (Schulgemeinde) für alle Unterrichtsfächer zugewiesen sind (§ 5 des Volksschulunterhaltungsgesetzes vom 28. Juli 1906 [Gesetzsamml. S. 335]), werden dem Schulverband angerechnet, dem sie an sich angehören.

(4) Wird in der Zeit vom 2. Februar bis zur Neufestsetzung

des Beschulungsgeldes eine Privatschule aufgelöst und werden die Kinder dieser Privatschule in eine öffentliche Volksschule oder eine öffentliche mittlere Schule aufgenommen, oder wird eine Privatschule in eine öffentliche Volksschule oder eine öffentliche mittlere Schule umgewandelt, so wird das Beschulungsgeld von dem Tage der Änderung der Beschulung ab gezahlt. Das gleiche gilt, wenn in der Zeit vom 2. Februar bis zur Neufestsetzung des Beschulungsgeldes eine öffentliche höhere Lehranstalt aufgelöst wird und die Kinder dieser Anstalt in eine öffentliche Volksschule oder eine öffentliche mittlere Schule aufgenommen werden, oder wenn eine höhere Lehranstalt in eine öffentliche mittlere Schule umgewandelt wird. Falls nach dem Stichtag (1. Februar) eine öffentliche Volksschule oder eine öffentliche mittlere Schule neu errichtet wird und ihr Schulkinder zugewiesen werden, für die ein Beschulungsgeld festgesetzt ist, so hat, wenn mehrere Schullastenträger beteiligt sind, zwischen diesen über das Beschulungsgeld eine Auseinandersetzung stattzufinden. Die Schulaufsichtsbehörde entscheidet endgültig. Für Volksschulen kommt die Vorschrift im Abs. 2 zur Anwendung.

(5) Der Gesamtbetrag des Beschulungsgeldes soll zuzüglich der für persönliche und sächliche Volksschulzwecke zur Verfügung zu stellenden Ergänzungszuschüsse in den einzelnen Jahren die Hälfte des der Bedarfsberechnung zugrunde gelegten staatsbeitragsberechtigten Lehrerdiensteinkommens (§ 41 Abs. 1 unter a), zu dem die im § 41 Abs. 1 unter b gedachten Ruhegehälter, Wartegelder, Hinterbliebenenbezüge und Gnadenbezüge gehören, erreichen, aber nicht übersteigen.

(6) Von dem Gesamtbetrage zu 5 sind 15 v. H. zu Ergänzungszuschüssen für persönliche und sächliche Volksschulzwecke zu verwenden. Diesem Fonds tritt auch der durch Abrundung des Beschulungsgeldes nicht zur Auszahlung gelangende Betrag hinzu.

§ 47.

(1) In Gesamtschulverbänden ist das dem Schulverbande für die Schulkinder des Verbandes zustehende Beschulungsgeld vorweg von dem Gesamtbetrage der Schulunterhaltungskosten abzusetzen, so daß nur der Restbetrag der letzteren nach § 9 des Volksschulunterhaltungsgesetzes auf die zum Gesamtschulverbande gehörigen Gemeinden (Gutsbezirke) zu verteilen bleibt.

(2) In Schulgemeinden ist der für die Schulkinder der Schulgemeinde an die Schulgemeindekasse zu überweisende Betrag gleichfalls auf die Schulunterhaltungskosten zu verrechnen. Soweit diese hierdurch nicht gedeckt werden, sind sie auf die Beitragspflichtigen umzulegen.

§ 48.

(1) Die nach den §§ 41, 42, 45 und 46 fälligen Beträge sind vierteljährlich im voraus zu zahlen. Der Unterrichtsminister in

Gemeinschaft mit dem Finanzminister kann unter Zustimmung des Kassenanwalts der Landesschulkasse auch eine monatliche Zahlung anordnen. Schulverbände (Schulgemeinden), die mit der Zahlung der Beiträge an die Landesschulkasse (§ 44) im Rückstande bleiben, haben die Rückstände zu verzinsen. Dabei finden wegen der Berechnung, Erhebung und Erstattung von Zinsen das Gesetz vom 25. November 1926 (Gesetzsamml. S. 310) zur Ergänzung der Abgabengesetze und die zu seiner Ausführung erlassenen Bestimmungen sinngemäß Anwendung.

(2) Solange die Beiträge der Schulverbände (Schulgemeinden) und das Beschulungsgeld noch nicht festgesetzt sind, werden die Zahlungen einstweilen nach den Sätzen der letzten Festsetzung geleistet.

X. Lehreranstellung.

§ 49.

(1) Die Lehrer an den öffentlichen Volksschulen werden von der Schulaufsichtsbehörde aus der Zahl der Befähigten unter Ausfertigung der Erneuerungsurkunde für den Schulverband angestellt.

(2) In Schulverbänden mit mehr als 25 Schulstellen wird ein Drittel der Stellen unmittelbar durch die Schulaufsichtsbehörde neu besetzt; für zwei Drittel steht dem Schulverbande das Wahlrecht zu. Freie Schulstellen sind in entsprechender Folge von der Schulaufsichtsbehörde und dem Schulverbande zu besetzen.

(3) Das Wahlrecht wird ausgeübt:

1. in Gemeinden, die einen eigenen Schulverband bilden, durch den Gemeindevorstand nach Anhörung der Schuldeputation oder des Schulvorstandes und der etwa vorhandenen Schulkommission, bei Vorhandensein mehrerer Schulkommissionen nach Anhörung derjenigen, für deren Schule die Anstellung zunächst erfolgen soll. In den Orten, wo ein kollegialer Gemeindevorstand nicht besteht, wird das Wahlrecht durch die Schuldeputation (Schulvorstand) ausgeübt;
2. in solchen Gutsbezirken und Gesamtschulverbänden, auf welche die Bestimmungen der §§ 8 Abs. 1 und 50 Abs. 9 des Volksschulunterhaltungsgesetzes zutreffen, durch den Gutsbesitzer nach Anhörung des Schulvorstandes;
3. in den übrigen Schulverbänden durch den Schulvorstand (Schuldeputation, § 57 des Volksschulunterhaltungsgesetzes).

(4) Die Gewählten bedürfen der Bestätigung durch die Schulaufsichtsbehörde und werden von ihr unter Ausfertigung der Ernennungsurkunde für den Schulverband angestellt. Die Bestätigung darf nur aus erheblichen Gründen versagt werden.

(5) Versagt die Schulaufsichtsbehörde die Bestätigung, so fordert sie zu einer neuen Wahl auf und bestimmt eine Frist dafür.

(6) Das Wahlrecht erlischt, wenn die Frist nicht innegehalten wird oder wenn die Schulaufsichtsbehörde zum zweiten Male die

Bestätigung versagt. Die Schulaufsichtsbehörde nimmt dann die Anstellung für den Schulverband vor.

(7) In den Schulverbänden mit 8 bis 25 Schulstellen bleibt es für zwei Drittel der Schulstellen bei dem in den §§ 58 bis 61 des Volksschulunterhaltungsgesetzes bestimmten Verfahren.

(8) Wenn die Anstellung der Lehrer unmittelbar durch die Schulaufsichtsbehörde erfolgt, so ist vor der Anstellung in Schulverbänden, in denen eine Schuldeputation besteht, der Schuldeputation, in den übrigen Schulverbänden dem Schulvorstande Gelegenheit zu einer Äußerung zu geben. Bestehen Schulkommissionen, so ist auch die Kommission zu hören, für deren Schule die Anstellung zunächst erfolgen soll. Soll im Einzelfalle eine von der Äußerung der örtlichen Schulbehörde abweichende Besetzung erfolgen, so ist dem Schulverband ein mit Gründen versehener Bescheid mitzuteilen. Die Vorschrift gilt entsprechend für Schulverbände mit nicht mehr als sieben Schulstellen.

(9) Erfolgt die Anstellung durch Versetzung, so fällt die Anhörung der Schuldeputationen, Schulvorstände und Schulkommissionen weg. Die Anstellung erfolgt jedoch unter Anrechnung auf die sonst der Schulaufsichtsbehörde zufallenden Stellenbesetzungen. Bei Versetzung aus einem Schulverband in einen anderen wird eine Vergütung für Umzugskosten aus der Landesschulkasse gewährt (§ 33).

(10) Wo nach den gesetzlichen Bestimmungen mit dem Schulamt ein kirchliches Amt noch vereinigt ist, wird an dem bestehenden Rechte hinsichtlich der Berufung zu dem kirchlichen Amte nichts geändert.

(11) Das Verfahren bei Verwendung nicht voll- oder auftragsweise beschäftigter Lehrkräfte ordnet eine Anweisung des Unterrichtsministers.

XI. Uebergangsvorschriften.

§ 50.

Wo in Gesetzen, Verordnungen oder sonstigen Vorschriften auf die Bestimmungen des Gesetzes über das Diensteinkommen der Lehrer (Lehrerinnen) an den öffentlichen Volksschulen vom 26. Mai 1909 (Gesetzsamml. S. 93) oder des Gesetzes vom 17. Dezember 1920/1. Januar 1925 (Gesetzsamml. S. 17) und seiner Ergänzungs- (Abänderungs-) Gesetze verwiesen ist, treten an ihre Stelle die Bestimmungen dieses Gesetzes.

§ 51.

(1) Aufgehoben sind die früheren Verpflichtungen des Fiskus, Schulunterhaltungskosten auf Grund besonderer Rechtstitel oder besonderer gesetzlicher Vorschrift oder Ortsbestimmung (Ortsverfassung, Observanz, Gewohnheitsrecht, Herkommen) zu tragen und Schulstellen mit Land auszustatten. Ausgenommen davon

sind die Verpflichtungen zum Bau und zur Unterhaltung von Gebäuden für Schulzwecke und die Verpflichtungen, die der Fiskus in seiner Eigenschaft als kirchlich Beteiligter für unmittelbar miteinander verbundene Kirchen- und Schulstellen hat.

(2) Die Verpflichtungen sonstiger Dritter auf Grund besonderer Rechtstitel bleiben unberührt.

§ 52.

(1) Die Konrektoren an den Volksschulen, denen nach den Vorschriften dieses Gesetzes keine Stellenzulage gewährt wird, erhalten für ihre Person eine ruhegehaltsfähige Zulage von 300 *RM* jährlich und die Konrektoren an den besonderen Veranstaltungen für körperlich oder geistig nicht normal veranlagte Kinder, denen außer ihrer Hilfsschullehrerzulage von 800 *RM* eine weitere Stellenzulage nicht zusteht, erhalten für ihre Person eine ruhegehaltsfähige Zulage von 100 *RM* jährlich.

(2) Die am 30. September 1927 im Amte gewesenen Lehrer der alten Besoldungsgruppe 2 erhalten auch in der ersten bis dritten Dienstaltersstufe den Wohnungsgeldzuschuß der Tarifklasse IV.

§ 53.

(1) Die zur Zeit des Inkrafttretens dieses Gesetzes im Amte befindlichen endgültig angestellten Lehrer mit den Bezügen der alten Besoldungsgruppe 1 erhalten ihr bisheriges Besoldungsdienstalter, im günstigsten Falle ein solches von vierzehn Jahren.

(2) Lehrer mit den Bezügen der alten Besoldungsgruppe 2 erhalten ihr um vier Jahre verbessertes Besoldungsdienstalter. Wird ihnen jedoch eine Stellenzulage von 800 *RM* gewährt, so erhalten sie im günstigsten Falle ein Besoldungsdienstalter von sechzehn Jahren.

(3) Die Verkürzung des Besoldungsdienstalters darf jedoch vier Jahre nicht übersteigen und nicht verhindern, daß der Lehrer spätestens zwei Jahre vor der Erreichung der Altersgrenze das Endgrundgehalt erhält.

(4) Lehrer mit den Bezügen der alten Besoldungsgruppe 3 erhalten ihr um acht Jahre verbessertes Besoldungsdienstalter.

§ 54.

(1) Das Vergütungsdienstalter der zur Zeit des Inkrafttretens dieses Gesetzes im Dienst befindlichen, in freien oder in nichtfreien Stellen auftragsweise oder vertretungsweise vollbeschäftigten oder in freien Stellen einstweilig angestellten Lehrer wird um zwei Jahre verbessert. Ihnen wird bei der ersten endgültigen Anstellung (§ 4 Abs. 1) die zwischen dem Beginn des verbesserten Vergütungsdienstalters und der ersten planmäßigen Anstellung liegende Zeit auf das Besoldungsdienstalter angerechnet, soweit sie sieben Jahre übersteigt.

(2) Die zur Zeit des Inkrafttretens dieses Gesetzes als Schulamtsbewerber oder als einstweilig angestellte Lehrer im Dienste befindlichen Lehrer rücken wie die endgültig angestellten Lehrer weiter im Grundgehalt auf; hierbei bleibt die nach Abs. 1 erfolgte Verbesserung des Vergütungsdienstalters außer Betracht. Daneben erhalten diese Lehrer den ihrer Vergütungsstufe entsprechenden Wohnungsgeldzuschuß.

XII. Schlußvorschriften.

§ 55.

Waren die bisherigen Dienstbezüge eines Lehrers nach dem Stande vom 30. September 1927 höher als die ihm auf Grund dieses Gesetzes zustehenden Dienstbezüge, so ist ihm der Unterschiedsbetrag als ruhegehaltsfähiger Zuschuß bis zu dem Zeitpunkte weiter zu gewähren, an dem der Unterschied durch Steigen der neuen Dienstbezüge ausgeglichen wird. Hierbei bleiben außer Anrechnung:

a) neu zu gewährende Kinderbeihilfen;
b) Erhöhungen des Wohnungsgeldzuschusses insoweit, als sie lediglich infolge der Hinaufsetzung eines Ortes in eine höhere Ortsklasse oder der Versetzung an einen Ort einer höheren Ortsklasse eintreten.

§ 56.

(1) Änderungen der durch dieses Gesetz geregelten Dienstbezüge, Ruhegehälter, Wartegelder und Hinterbliebenenbezüge können durch Gesetz erfolgen. Änderungen der im § 18 vorgesehenen Kirchenamtszulagen, die sich aus einer Verminderung der Bezüge aus der Dotation des vereinigten Schul- und Kirchenamts — § 6 Abs. 2 und 3 des Gesetzes vom 26. Mai 1909 (Gesetzsamml. S. 99) — ergeben, sind jederzeit auf dem in diesem Gesetz (§ 6 Abs. 3) angegebenen Wege zulässig.

(2) Werden Lehrer oder Versorgungsberechtigte durch eine solche Änderung hinsichtlich der im Abs. 1 genannten Bezüge mit rückwirkender Kraft schlechter gestellt, so sind die Unterschiedsbeträge nicht zurückzuerstatten.

(3) In allen übrigen Fällen sind zuviel erhobene Dienstbezüge, Ruhegehälter, Wartegelder und Hinterbliebenenbezüge, auch soweit eine Bereicherung nicht mehr vorliegt, zurückzuzahlen.

§ 57.

(1) Dieses Gesetz tritt mit Wirkung vom 1. Oktober 1927 in Kraft. Alle seinen Vorschriften entgegenstehenden Gesetze und Verordnungen, insbesondere die entgegenstehenden Bestimmungen des Gesetzes vom 17. Dezember 1920/1. Januar 1925 (Gesetzsamml. S. 17) und seiner Ergänzungs-(Abänderungs-) Gesetze, werden aufgehoben.

(2) Das Besoldungs- und Vergütungsdienstalter ist nach den §§ 4 ff., §§ 20, 53 und 54 neu festzusetzen. Die Festsetzung ist den Lehrern schriftlich mitzuteilen.

§ 58.

(1) Mit der Ausführung des Gesetzes werden der Unterrichtsminister und der Finanzminister beauftragt. Diese sind ermächtigt, in Ausnahmefällen eine von den vorstehenden Gesetzesbestimmungen abweichende Regelung zuzulassen, sofern die besondere Lage der Verhältnisse es geboten erscheinen läßt.

(2) Die Ausführungsbestimmungen sind dem Landtage vorzulegen.

Das vorstehende, vom Landtage beschlossene Gesetz wird hiermit verkündet. Die verfassungsmäßigen Rechte des Staatsrats sind gewahrt.

Berlin, den 1. Mai 1928.

Das Preußische Staatsministerium.

Zugleich für den Finanzminister

Braun. Becker.

Gesetz

über die Dienstbezüge der Lehrer und Lehrerinnen an den öffentlichen nichtstaatlichen mittleren Schulen

(Mittelschullehrer-Besoldungsgesetz — MBG.).

Vom 30. April 1928.

(GS. S. 149).

Vorbemerkung.

Die durch das Preußische Besoldungsgesetz vom 17. Dez. 1927 herbeigeführte Änderung und Erhöhung der Dienstbezüge für die unmittelbaren Staatsbeamten hat auch eine Neufassung des bisherigen Mittelschullehrer-Diensteinkommensgesetzes notwendig gemacht, um auch die Besoldung der Lehrer an den öffentlichen mittleren Schulen der allgemeinen Neuregelung anzupassen. Das neue Gesetz regelt in den §§ 1—17 die eigentliche Besoldung, die §§ 18—23 enthalten die Vorschriften über die Aufbringung der Dienstbezüge und über die Landesmittelschulkasse, die §§ 24 bis 28 bringen die notwendigen Schluß- und Übergangsbestimmungen.

Das System der Besoldung der Lehrkräfte und Leiter an mittleren Schulen sowie die in den einzelnen Stellen zu zahlenden Grundgehaltssätze und Zulagen waren bereits durch den Anhang zur Besoldungsordnung für die planmäßigen unmittelbaren Staatsbeamten festgelegt. Danach ist in grundsätzlicher Abweichung vom bisherigen Besoldungssystem an die Stelle der drei Besoldungsgruppen des M. d. G. vom $\frac{\text{14. Jan. 1921}}{\text{14. Jan. 1924}}$ für alle Lehrer und Leiter an den öffentlichen mittleren Schulen eine einheitliche Grundgehaltsskala getreten. Neben diesem Grundgehalt erhalten die aus sachlichem Bedürfnis herausgehobenen Stellen der Schulleiter und Konrektoren feste Stellenzulagen. Um ferner die Möglichkeit zu erhalten, an öffentlichen mittleren Schulen auch Lehrer mit einer über die Ablegung der Mittelschullehrerprüfung hinausgehenden Vorbildung anzustellen, ist unter besonderen Voraussetzungen neben dem Grundgehalt und den Stellenzulagen für Schulstellen, an deren Inhaber besondere Anforderungen gestellt werden müssen, die Gewährung ruhegehaltsfähiger Besoldungszuschüsse wie bisher zugelassen.

Eine besondere Regelung hat die Vergütung der noch nicht endgültig angestellten Lehrer erfahren, die von den entsprechenden Bestimmungen des PrBesG. und des VBG. grundsätzlich abweicht. Für den Übertritt aus dem Volksschuldienst in den öffentlichen mittleren Schuldienst kommen in der Regel nur Lehrer mit längerer Diensterfahrung in Betracht. Diese in der Zeit bis zur endgültigen Anstellung mit festen unter dem Anfangsgrundgehalt liegenden Vergütungssätzen abzufinden, schien nicht möglich, da dabei den bereits in höherem Dienstalter stehenden Lehrern erhebliche Gehaltsverluste entstehen würden. Es ist deshalb bestimmt, daß die Höhe der Grundvergütung nach dem Grundgehalt zu berechnen ist, das bei endgültiger Anstellung im mittleren Schuldienst zu zahlen wäre, und zwar sind in der Regel 80 % dieses Grundgehalts als Grundvergütung zu zahlen. Daneben sind Wohnungsgeldzuschuß, Kinderbeihilfen, etwaige Stellenzulagen und Besoldungszuschüsse im allgemeinen ungekürzt zu zahlen.

Wenn ausnahmsweise Schulamtsbewerber an einer öffentlichen mittleren Schule beschäftigt werden, so erhalten sie die ihnen nach den §§ 20—25 und 54 VBG. zustehenden Bezüge.

Die Vorschriften über die Aufbringung der Dienstbezüge und über die Landesmittelschulkasse sind im wesentlichen die gleichen geblieben wie im MbG.

Der Landtag hat folgendes Gesetz beschlossen:

I. Endgültig angestellte Lehrer.

1. Allgemeine Vorschriften.

§ 1.

(1) Die endgültig angestellten Lehrer erhalten ein Grundgehalt und einen Wohnungsgeldzuschuß. Daneben erhalten sie, so-

weit es in diesem Gesetz bestimmt oder zugelassen ist, Zulagen, Besoldungszuschüsse, Sondervergütungen und Kinderbeihilfen.

(2) Als Diensteinkommen im Sinne dieses Gesetzes gelten die gesamten auf Grund dieses Gesetzes gewährten Dienstbezüge mit Ausnahme der Kinderbeihilfen.

(3) Die in diesem Gesetze für Lehrer (Leiter, Konrektoren) getroffenen Bestimmungen gelten auch für Lehrerinnen (Leiterinnen, Konrektorinnen), soweit für diese nicht ausdrücklich etwas anderes bestimmt ist. Lehrer im Sinne dieses Gesetzes sind auch die technischen Lehrer.

(4) Unter dieses Gesetz fallen nicht Lehrer, deren Zeit und Kräfte durch die ihnen übertragenen Geschäfte nur nebenbei in Anspruch genommen sind; ob die Beschäftigung nur nebenbei stattfindet, entscheidet die Schulaufsichtsbehörde endgültig.

(5) Die Schulaufsichtsbehörde bestimmt endgültig, welche Schulen als öffentliche mittlere Schulen anzusehen sind.

2. Grundgehalt.

§ 2.

(1) Das Grundgehalt wird den endgültig angestellten Lehrern in folgenden Sätzen gewährt:

3600 — 3850 — 4100 — 4350 — 4600 — 4800 — 5000 — 5200 5400 — 5600 — 5800 *RM* jährlich.

(2) Das Grundgehalt steigt nach Dienstaltersstufen von zwei zu zwei Jahren bis zur Erreichung des Endgrundgehalts. Die Dienstalterszulagen werden vom Ersten des Kalendermonats an gezahlt, in den der Eintritt in die neue Dienstaltersstufe fällt.

(3) Die endgültig angestellten Lehrerinnen und Konrektorinnen erhalten, solange nicht allgemein für Lehrer und Lehrerinnen das gleiche Arbeitsmaß festgesetzt ist, die Grundgehaltssätze um 10 vom Hundert gekürzt.

(4) Auf das Aufrücken im Grundgehalt haben die endgültig angestellten Lehrer einen Rechtsanspruch. Der Anspruch ruht, solange ein förmliches Disziplinarverfahren oder wegen eines Verbrechens oder eines Vergehens ein Hauptverfahren oder eine Voruntersuchung schwebt. Führt ein strafgerichtliches Verfahren zur Verurteilung eines Verbrechens oder Vergehens und wird binnen eines Monats nach Abschluß des strafgerichtlichen Verfahrens wegen der nämlichen Tatsache ein förmliches Disziplinarverfahren eingeleitet, so ruht der Anspruch auch während der Zwischenzeit. Führt das Verfahren zum Verluste des Amtes, so erlischt der Anspruch auch für die Zeit des Ruhens.

§ 3.

Die Versetzung in ein Amt, das mit einem niedrigeren Endgrundgehalt ausgestattet ist als das bisher bekleidete Amt, gilt gleichwohl als Versetzung in ein Amt von nicht geringerem planmäßigen Diensteinkommen im Sinne des § 87 Abs. 1 des Gesetzes betreffend die Dienstvergehen der nichtrichterlichen Beamten, vom 21. Juli 1852 (Gesetzsamml. S. 465), wenn das Endgrundgehalt des bisherigen Amtes zuzüglich der dem Lehrer verliehenen ruhegehaltsfähigen Stellenzulage (§ 4) nicht höher ist als das Endgrundgehalt des neuen Amtes zuzüglich der dem Lehrer in der neuen Stelle verliehenen ruhegehaltsfähigen Stellenzulage.

3. Stellenzulagen.

§ 4.

(1) Neben dem Grundgehalt erhalten als ruhegehaltsfähige Stellenzulagen:

a) die Konrektoren an öffentlichen mittleren Schulen mit mindestens fünf Klassen und vier planmäßigen Schulstellen sowie die zweiten Konrektoren an mittleren Schulen mit mindestens zwölf Klassen und zehn planmäßigen Schulstellen jährlich 800 RM;

b) die Leiter der öffentlichen mittleren Schulen mit mindestens fünf Klassen und vier planmäßigen Schulstellen jährlich 1400 RM;

c) die Leiter kleiner Mittelschulen, Rektoratsschulen und höherer Mädchenschulen mit vier oder weniger Klassen und vier oder weniger planmäßigen Schulstellen bis 600 RM jährlich.

(2) Die Entscheidung darüber, ob die Voraussetzungen für die Gewährung einer Stellenzulage vorliegen, trifft endgültig die Schulaufsichtsbehörde.

4. Besoldungsdienstalter.

§ 5.

(1) Das Besoldungsdienstalter der endgültig angestellten Lehrer beginnt mit dem Ersten des Monats, in dem der Lehrer im öffentlichen mittleren Schuldienst erstmalig endgültig angestellt wird, soweit in diesem Gesetz oder in den Ausführungsbestimmungen dazu nichts Abweichendes bestimmt oder zugelassen ist. Von diesem Zeitpunkt ab sind die Zeitabschnitte für das Verbleiben im Anfangsgrundgehalt und für das Aufsteigen in die höheren Grundgehaltsstufen zu rechnen. Als Zeitpunkt der endgültigen Anstellung, die nicht vor Zurücklegung einer anrechnungsfähigen Dienstzeit von fünf Jahren erfolgen darf, gilt der Tag, von dem ab dem Lehrer eine planmäßige Stelle mit dem damit verbundenen Diensteinkommen dauernd verliehen worden ist. Ergeben sich aus dieser Regelung für einzelne Lehrer unverschuldete Härten, so kann der Unterrichtsminister im Einvernehmen mit dem Finanzminister im Einzelfalle die vorzeitige endgültige Anstellung genehmigen und das Besoldungsdienstalter nach der besonderen Lage des Einzelfalles festsetzen.

(2) Neu geschaffene Stellen können, auch wenn die Besetzung später ausgesprochen wird, bereits mit Wirkung vom Tage der Errichtung der Stelle und der Bereitstellung der erforderlichen Mittel, frühestens vom Beginn des laufenden Rechnungsjahrs ab, verliehen werden, sofern der Lehrer die Stelle bereits von diesem Zeitpunkt ab versehen hat.

(3) Bei Verleihung einer Stellenzulage wird das Besoldungsdienstalter nicht geändert.

(4) Tritt ein Lehrer unmittelbar aus dem öffentlichen Volksschuldienst oder dem Berufsschuldienst oder aus einer Oberschullehrerstelle an einer anerkannten höheren Lehranstalt in den öffentlichen mittleren Schuldienst über, so wird das Besoldungsdienstalter nicht geändert. Beim unmittelbaren Übertritt aus einer sonstigen Stelle des öffentlichen Schuldienstes in den öffentlichen mittleren Schuldienst gelten für die Festsetzung des Besoldungsdienstalters in der neuen Stelle die Vorschriften in § 3 Abs. 5 Satz 1 bis 4 des Preußischen Besoldungsgesetzes sinngemäß.

(5) Die §§ 5 bis 9 des Volksschullehrer-Besoldungsgesetzes finden mit der Maßgabe Anwendung, daß die Einzahlungen für Anrechnung von Privatschuldienstzeit anstatt an die Landesschulkasse an die Landesmittelschulkasse zu leisten sind. Die etwa an die Landesschulkasse für Anrechnung von Privatschuldienstzeit geleisteten Einzahlungen sind insoweit der Landesmittelschulkasse zu überweisen, als bereits auf das Volksschullehrer-Besoldungsdienstalter angerechnete Dienstzeiten auch auf das Besoldungsdienstalter im öffentlichen mittleren Schuldienst angerechnet werden müssen. Treten Lehrer aus dem öffentlichen mittleren Schuldienst in den Volksschuldienst, so sind die Einzahlungen, die für Anrechnung von Privatschuldienstzeit auf das Besoldungsdienstalter im öffentlichen mittleren Schuldienste der Landesmittelschulkasse zugeflossen sind, der Landesschulkasse zu überweisen.

§ 6.

(1) Lehrer, die die Anstellungsfähigkeit für das höhere Lehramt oder das Pfarramt besitzen, sowie Lehrer, die die Reife einer anerkannten höheren Lehranstalt erreicht oder eine andere als gleichwertig anerkannte Prüfung bestanden, ein Hochschulstudium von wenigstens drei Jahren zurückgelegt und die Prüfung für die Anstellung als Mittelschullehrer bestanden haben, können vorzeitig als Mittelschullehrer endgültig angestellt werden. Bei der Feststellung des Besoldungsdienstalters dieser Lehrer findet der § 4 Abs. 3 des Volksschullehrer-Besoldungsgesetzes sinngemäß Anwendung. Dabei kann auch die vor Erlangung einer Lehrbefähigung zurückgelegte Dienstzeit berücksichtigt werden.

(2) Das gleiche gilt für Zeichen- und Musiklehrer, die die Anstellungsfähigkeit für höhere Lehranstalten erworben haben.

5. Besoldungszuschüsse.

§ 7.

(1) Die Unterhaltungsträger können mit Genehmigung der Schulaufsichtsbehörde für Schulstellen, für deren Inhaber besondere Anforderungen vorgeschrieben sind, nach näherer Vorschrift der Ausführungsbestimmungen zu diesem Gesetze ruhegehaltsfähige Besoldungszuschüsse bewilligen. Die Schulaufsichtsbehörde kann für diese Zuschüsse Höchstbeträge festsetzen.

(2) Die Zuschüsse gelten nicht als Grundgehalt.

6. Wohnungsgeldzuschuß.

§ 8.

(1) Die endgültig angestellten Lehrer erhalten einen Wohnungsgeldzuschuß nach den Vorschriften des Gesetzes über die Dienstbezüge der unmittelbaren Staatsbeamten (Preußisches Besoldungsgesetz). Lehrer, die eine ruhegehaltsfähige Stellenzulage von jährlich mindestens 800 *RM* oder einen Besoldungszuschuß (§ 7) von mehr als 800 *RM* beziehen, und die im § 25 Abs. 4 genannten Konrektoren erhalten den Wohnungsgeldzuschuß in den vier obersten Dienstaltersstufen nach der Tarifklasse III. Im übrigen wird den Lehrern der Wohnungsgeldzuschuß der Tarifklasse IV gewährt.

(2) Die Vorschriften in den §§ 6 bis 10 des Preußischen Besoldungsgesetzes sowie in den §§ 10 bis 13 und im § 14 Abs. 1, 2, 4 und 5 Satz 1 und 2 des Volksschullehrer-Besoldungsgesetzes finden sinngemäße Anwendung.

7. Kinderbeihilfen.

§ 9.

§ 11 des Preußischen Besoldungsgesetzes gilt entsprechend.

8. Sondervergütungen.

§ 10.

(1) Besondere in diesem Gesetze nicht vorgesehene Zulagen oder Vergütungen dürfen auch dann nicht gewährt werden, wenn damit Leistungen im Schulamt abgegolten werden sollen, die über das festgesetzte oder übliche Arbeitsmaß hinausgehen.

(2) Außerordentliche Bewilligungen an einzelne Lehrer sind nur aus besonderen Gründen mit Genehmigung der Schulaufsichtsbehörde zulässig.

§ 11.

9. Sachleistungen.

Für die Anrechnung von Sachleistungen auf das Diensteinkommen der Lehrer gilt § 19 des Volksschullehrer-Besoldungsgesetzes.

II. Auftragsweise oder vertretungsweise vollbeschäftigte und einstweilig angestellte Lehrer.

§ 12.

(1) Auftragsweise oder vertretungsweise vollbeschäftigte und einstweilig angestellte Lehrer erhalten eine Grundvergütung in

Höhe von 80 vom Hundert desjenigen Grundgehalts, das sie beziehen würden, wenn sie an der öffentlichen mittleren Schule endgültig angestellt wären. Für die Berechnung dieses Grundgehalts ist davon auszugehen, daß der Beginn des Besoldungsdienstalters auf den Tag festzusetzen wäre, an dem diese Lehrer eine anrechnungsfähige Dienstzeit von fünf Jahren zurückgelegt haben. Der Mindestbetrag der Grundvergütung beträgt 80 vom Hundert des Anfangsgrundgehalts. Neben der Grundvergütung erhalten diese Lehrer den Wohnungsgeldzuschuß, den sie bei endgültiger Anstellung in der von ihnen verwalteten Stelle zu beanspruchen hätten.

(2) Verwalter freier planmäßiger Schulstellen erhalten die mit ihnen verbundenen Stellenzulagen (§ 4) nur dann, wenn sie die vollen Obliegenheiten der Stelle wahrnehmen. Bei Verwaltung nicht freier planmäßiger Schulstellen kann der Unterhaltungsträger mit Genehmigung der Schulaufsichtsbehörde eine andere Regelung treffen.

(3) Ruhegehaltsfähige Besoldungszuschüsse (§ 7) können von den Unterhaltungsträgern bis zur Höhe der für endgültig angestellte Lehrer geltenden Höchstbeträge bewilligt werden. Die Bewilligung bedarf der Genehmigung der Schulaufsichtsbehörde.

(4) Für die Gewährung von Kinderbeihilfen gilt § 11 des Preußischen Besoldungsgesetzes.

(5) Schulamtsbewerber erhalten bei vorübergehender Beschäftigung an einer öffentlichen mittleren Schule die ihnen nach den §§ 20 bis 25 und 54 des Volksschullehrer-Besoldungsgesetzes zustehenden Dienstbezüge.

(6) In besonderen Fällen ist eine Abweichung von den Vorschriften der Abs. 1 bis 5 mit Genehmigung der Schulaufsichtsbehörde und unter Zustimmung des Kassenanwalts der Landesmittelschulkasse zulässig.

(7) Auf einstweilig angestellte Lehrer an mittleren Schulen sowie auf solche Lehrer, die in einer anderen Stelle des öffentlichen Schuldienstes nicht endgültig angestellt sind und an einer mittleren Schule auftragsweise oder vertretungsweise beschäftigt werden, finden die Vorschriften im § 21 Abs. 2 bis 6 des Volksschullehrer-Besoldungsgesetzes sinngemäß Anwendung.

III. Sonstige Vorschriften.

1. Gnadenbezüge.

§ 13.

(1) Hinsichtlich der Gewährung von Gnadenbezügen an die Hinterbliebenen eines an einer öffentlichen nichtstaatlichen mittleren Schule angestellten Lehrers finden die für die unmittelbaren Staatsbeamten bestehenden Bestimmungen entsprechende Anwendung. Auch den ehelichen Nachkommen einer Lehrerin steht der Anspruch auf Gnadenbezüge zu.

(2) An wen die Gnadenbezüge zu leisten sind, bestimmt die Schulaufsichtsbehörde.

§ 14.

(1) Im Genusse der Dienstwohnung ist die hinterbliebene Familie, die mit dem Verstorbenen die Wohnung geteilt hat, nach Ablauf des Sterbemonats noch drei Monate zu belassen. Hinterbleibt eine solche Familie nicht, so ist denen, auf die der Nachlaß übergeht, eine vom Todestag an zu rechnende dreißigtägige Frist zur Räumung der Dienstwohnung zu gewähren.

(2) In jedem Falle muß auf Erfordern der Schulaufsichtsbehörde dem mit der Verwaltung der Stelle Beauftragten ein Unterkommen in der Dienstwohnung ohne Anspruch auf Entschädigung gewährt werden.

2. Zahlungsweise der Dienstbezüge.

§ 15.

(1) Die Lehrer erhalten ihre Dienstbezüge, soweit sie ihnen in festen Barbezügen zustehen, monatlich im voraus. Der Finanzminister kann bestimmen, daß die Dienstbezüge der endgültig angestellten Lehrer bei Überweisung auf ein Konto vierteljährlich im voraus gezahlt werden dürfen.

(2) Der Finanzminister ist ermächtigt, Vorschriften über die Abrundung der auszuzahlenden Beträge zu erlassen.

3. Umzugskosten.

§ 16.

(1) Angestellte Lehrer an öffentlichen mittleren Schulen erhalten bei Versetzung im Interesse des Dienstes eine Vergütung für Umzugskosten aus der Landesmittelschulkasse. Über die Höhe der Vergütung trifft der Unterrichtsminister im Einvernehmen mit dem Finanzminister Bestimmung.

(2) Ob eine Versetzung im Interesse des Dienstes erfolgt ist, entscheidet die Schulaufsichtsbehörde endgültig.

(3) Inwieweit in sonstigen Fällen den Lehrern an öffentlichen mittleren Schulen Umzugskosten zu gewähren sind, richtet sich nach den von dem Unterhaltungsträger mit Genehmigung der Schulaufsichtsbehörde erlassenen Bestimmungen. Maßgebend ist die Stelle, in die der Lehrer berufen wird.

4. Rechtsweg.

§ 17.

(1) Für die Gehaltsansprüche der Lehrer an den öffentlichen mittleren Schulen findet der Rechtsweg statt. Die Klage auf Zahlung der Dienstbezüge ist gegen die Landesmittelschulkasse, sofern es sich um unmittelbare Leistungen des Unterhaltungsträgers handelt, gegen diesen zu richten.

(2) Bei der richterlichen Beurteilung sind die auf Grund dieses Gesetzes erfolgten Festsetzungen über die Dienstbezüge der Stelle, insbesondere über die Höhe des Grundgehalts (der Grundvergütung), der Stellenzulage, des Besoldungszuschusses, des Wohnungsgeldzuschusses und der Kinderbeihilfe, über Dienstwohnung, über Sachleistungen sowie über die sonstige Anrechnung von Dienstbezügen auf das Grundgehalt zugrunde zu legen. Ebenso ist die Bestimmung der Schulaufsichtsbehörde darüber, ob die Voraussetzungen für die Anwendung des § 25 Abs. 3 und 4 vorliegen, für die richterliche Entscheidung bindend.

IV. Aufbringung der Dienstbezüge.

Landesmittelschulkasse.

§ 18.

(1) Die Unterhaltungsträger aller öffentlichen mittleren Schulen werden zwecks gemeinsamer Aufbringung der Dienstbezüge der Lehrer an den öffentlichen mittleren Schulen, der Ruhegehälter und der Witwen- und Waisenbezüge sowie der Umzugskosten bei Versetzungen im Interesse des Dienstes zu einer Landesmittelschulkasse vereinigt.

(2) Auf die Verwaltung der Landesmittelschulkasse, die Bestellung und die Befugnisse eines Kassenanwalts und seiner Stellvertreter finden die für die Landesschulkasse im Volksschullehrer-Besoldungsgesetze gegebenen Bestimmungen Anwendung, soweit nicht in diesem Gesetz anderweite Vorschriften enthalten sind.

(3) Die Landesmittelschulkasse übernimmt die Zahlung:

a) des nach den Bestimmungen dieses Gesetzes zu zahlenden baren Diensteinkommens und der Kinderbeihilfen an die Lehrer, soweit sie in planmäßigen Schulstellen angestellt sind oder in freien planmäßigen Schulstellen voll beschäftigt werden;
b) der Zuschüsse aus § 7, § 12 und § 25 Abs. 2 und 3;
c) der Werterstattung für die den Stelleninhabern auf ihr Diensteinkommen angerechneten Sach- und anderen Dienstbezüge sowie des Wohnungsgeldzuschusses oder eines Teilbetrages bei Gewährung einer Dienstwohnung an die Unterhaltungsträger;
d) der Ruhegehälter einschließlich der Gnadengelder sowie der Wartegelder für die nach dem 1. April 1920 bezugsberechtigt Gewordenen;
e) der Bezüge der Hinterbliebenen von Lehrern, die nach dem 1. April 1920 bis zu ihrem Ausscheiden aus dem Dienste an einer öffentlichen mittleren Schule angestellt gewesen sind;
f) der Umzugskosten bei Versetzungen im Interesse des Dienstes (§ 16 Abs. 1);
g) der Vergütungen der Lehrer, die mit der vertretungsweisen Verwaltung von Schulstellen beauftragt sind, deren Inhaber an der Ausübung ihres Amts durch ihre Tätigkeit als Mit-

glieder des Reichstags oder des Preußischen Landtags behindert sind;

h) der Vergütungen für die vertretungsweise beschäftigten Lehrer, wenn der Stelleninhaber vom Amte suspendiert und eine Vertretung durch andere Lehrer desselben Unterhaltungsträgers nicht möglich ist. In diesen Fällen bedarf es zur Übernahme der Vertretungskosten auf die Landesmittelschulkasse der Zustimmung des Kassenanwalts. Die Zahlung der Vertretungskosten erfolgt sodann aus der Landesmittelschulkasse vorbehaltlich der Rückerstattung, sofern und soweit der einbehaltene Teil des Diensteinkommens nach Abschluß des Disziplinarverfahrens zur Deckung der Vertretungskosten verwendet werden kann;

i) von Notstandsbeihilfen und Unterstützungen an die im Dienste befindlichen oder nach dem 1. April 1920 in den Ruhestand getretenen Lehrer und an die Hinterbliebenen von Lehrern, die nach dem 1. April 1920 bis zu ihrem Ausscheiden aus dem Dienste an einer öffentlichen mittleren Schule angestellt gewesen sind.

(4) Der Gesamtbetrag der aus der Landesmittelschulkasse zu bewilligenden Unterstützungen wird von dem Unterrichtsminister und dem Finanzminister unter Zustimmung des Kassenanwalts der Landesmittelschulkasse bestimmt.

§ 19.

(1) In besonderen Fällen können auch preußische Schulen, die nicht mittlere Schulen sind, und außerpreußische Schulen, auch wenn sie nicht zu den mittleren Schulen gehören, auf Antrag der Landesmittelschulkasse angeschlossen werden, sofern die Besoldungen für die hauptamtlichen Lehrkräfte den Bestimmungen dieses Gesetzes angepaßt sind.

(2) Im Falle des Anschlusses übernimmt die Landesmittelschulkasse für die an diesen Schulen angestellten Lehrer, die nach dem Anschluß in den Ruhestand getretenen Lehrer und die Hinterbliebenen von den nach dem Anschlusse bis zum Ausscheiden aus dem Dienste im Amte befindlich gewesenen Lehrern vom Tage des Anschlusses ab dieselben Leistungen, als wenn diese Schulen öffentliche mittlere Schulen in Preußen wären, aber nur so lange, als diese Schulen der Landesmittelschulkasse angeschlossen sind und sofern für sie die vorgeschriebenen Beiträge zur Landesmittelschulkasse gezahlt werden. Mit dem Ausscheiden der Schule aus der Landesmittelschulkasse oder dem Wegfalle der Beitragszahlungen hören die Leistungen der Landesmittelschulkasse auf, auch an die etwa im Ruhestande befindlichen Lehrer und Hinterbliebenen von ehemaligen Lehrern dieser Schulen.

(3) Mit dem Anschlusse solcher Schulen an die Landesmittelschulkasse gehen das Recht zur Anstellung, Versetzung und Ent-

lassung der Lehrer an diesen angeschlossenen Schulen, zur Versetzung in den Ruhestand, Festsetzung des Dienstalters und die schulaufsichtlichen Disziplinarbefugnisse, sofern diese Rechte und Befugnisse nicht bereits einer preußischen Staatsbehörde zustehen oder nur unter Aufsicht und Mitwirkung einer preußischen Staatsbehörde ausgeübt werden, auf die Landesmittelschulkasse über und werden von dem Kassenanwalt wahrgenommen. Der Kassenanwalt ist befugt, die Dienstaufsicht über diese Lehrer anderen preußischen Behörden oder Behörden des Reichs oder der Länder zu übertragen, sofern die vorgesetzte Zentralinstanz dieser Behörden der Übertragung zustimmt. Diese Dienstaufsicht umfaßt zugleich das Recht zur Verhängung von Disziplinarstrafen, mit Ausnahme des Rechtes zur Einleitung eines förmlichen Disziplinarverfahrens. Über die Einleitung eines förmlichen Disziplinarverfahrens beschließt der Kassenanwalt. In diesem Beschluß ist zugleich diejenige preußische Provinzialbehörde zu bestimmen, die das Disziplinarverfahren zu führen hat. Über die Wahrnehmung der in diesem Absatze dem Kassenanwalt übertragenen Befugnisse führt der Unterrichtsminister die Aufsicht.

§ 20.

(1) Für jedes mit dem 1. April beginnende Rechnungsjahr wird der Bedarf der Kasse nach den wirklichen Ausgaben in dem der Bedarfsberechnung vorhergehenden Rechnungsjahr unter Berücksichtigung der voraussichtlichen Steigerung oder Verminderung der Ausgaben von dem Unterrichtsminister und dem Finanzminister festgestellt. Diese sind ermächtigt, der Bedarfsberechnung ein durchschnittliches Diensteinkommen zugrunde zu legen. Bei der Feststellung des Bedarfs sind die voraussichtlichen Verwaltungskosten, auch die des Kassenanwalts, sowie eine angemessene Betriebsrücklage mitzuberücksichtigen.

(2) Bei erheblicher Änderung der Dienstbezüge kann der Bedarf im Laufe des Rechnungsjahrs von neuem berechnet und verteilt werden.

(3) Ersparnisse oder Fehlbeträge eines Rechnungsjahrs sind in der Bedarfsberechnung für das dem Kassenabschlusse folgende Rechnungsjahr abzusetzen oder zuzusetzen.

§ 21.

Zur Aufbringung des durch die eigenen Einnahmen nicht gedeckten Bedarfs der Landesmittelschulkasse sind die Unterhaltungsträger der öffentlichen mittleren Schulen verpflichtet. Für Schulstellen, die im Laufe des Rechnungsjahrs neu errichtet werden, ist der Beitrag zur Landesmittelschulkasse einschließlich der im § 22 Abs. 1 unter a bis c genannten Vorausleistungen von dem Tage an zu zahlen, von dem ab die Stelle durch eine besondere Lehrkraft versehen wird.

§ 22.

(1) Der nicht gedeckte Bedarf ist auf die Unterhaltungsträger folgendermaßen zu verteilen:

a) Unterhaltungsträger, deren Lehrer ruhegehaltsfähige Stellenzulagen (§ 4, § 12 und § 25 Abs. 4) erhalten, haben den Gesamtbetrag dieser Zulagen mit einem Zuschlage von 20 vom Hundert an die Landesmittelschulkasse zu zahlen.

b) Unterhaltungsträger, die neben dem Grundgehalte besondere Besoldungszuschüsse gewähren (§ 7, § 12 und § 25 Abs. 2 u. 3) haben die im Laufe des Rechnungsjahrs aus der Landesmittelschulkasse gezahlten oder zu zahlenden Zuschüsse mit einem Zuschlage von 20 vom Hundert an die Kasse zu erstatten.

c) Unterhaltungsträger, deren Lehrer den Wohnungsgeldzuschuß der Sonderklasse oder der Ortsklasse A oder deren Lehrer örtliche Sonderzuschläge erhalten, haben einen besonderen Beitrag an die Landesmittelschulkasse zu zahlen. Dieser Beitrag wird festgesetzt beim Wohnungsgeldzuschuß für jede vorhandene Schulstelle auf den Unterschiedsbetrag zwischen dem einem Lehrer im Anfangsgrundgehalte zu zahlenden Wohnungsgeldzuschusse in der Sonderklasse oder in der Ortsklasse A und dem einem solchen Lehrer zu zahlenden Wohnungsgeldzuschuß in der Ortsklasse B, bei den örtlichen Sonderzuschlägen auf den Betrag des für einen Lehrer (Lehrerin) im Anfangsgrundgehalte zu zahlenden örtlichen Sonderzuschlags.

d) Der nach Abzug der unter a, b und c genannten Vorausleistungen und etwaiger sonstiger Einnahmen sich ergebende Bedarf ist gleichmäßig auf alle Schulstellen zu verteilen, wobei die Lehrerinnenstellen nur mit je neun Zehnteln in Ansatz zu bringen sind. Außer Betracht bleiben neu errichtete Stellen, bis diese durch eine besondere Lehrkraft versehen werden. Für eine Stelle, deren Besetzung oder Verwaltung durch eine besondere Lehrkraft wegen Rückganges der Schülerzahl mit Genehmigung der Schulaufsichtsbehörde ohne förmliche Aufhebung der Stelle unterbleibt, kann vom Beginn des auf die Stellenerledigung folgenden Rechnungsjahres ab von der Einziehung des Beitrags an die Landesmittelschulkasse mit Zustimmung des Kassenanwalts so lange Abstand genommen werden, bis ihre Wiederbesetzung durch eine besondere Lehrkraft erfolgt oder von der Schulaufsichtsbehörde angeordnet wird. Solange diese Stelle hiernach unbesetzt bleibt, unterliegt sie nicht den Bestimmungen des Unterbringungsgesetzes vom 30. März 1920 (Gesetzsamml. S. 63).

Wenn auf Grund der Preußischen Personal-Abbau-Verordnung vom 8. Februar 1924 (Gesetzsamml. S. 73) und des Preußischen Personal-Abbau-Abwicklungsgesetzes vom 25. März 1926 (Gesetzsamml. S. 105) die Besetzung oder Verwaltung einer

Stelle durch eine besondere Lehrkraft im Interesse der Personalverminderung unterbleibt, kann schon von dem Eintritte der Stellenerledigung an von der Einziehung des Beitrags an die Landesmittelschulkasse nach Maßgabe der vorstehenden Bestimmungen abgesehen werden.

e) Stellt sich der für die Lehrer — einschließlich der Ruhegehaltsempfänger und der Hinterbliebenen von Lehrern — eines Unterhaltungsträgers aus der Landesmittelschulkasse in den Rechnungsjahren 1927 und 1928 gemäß § 18 gezahlte Betrag höher als der sich nach a, b, c und d ergebende Betrag, so hat der Unterhaltsträger 20 vom Hundert dieses Mehrbetrages als besonderen Beitrag zur Landesmittelschulkasse zu zahlen. Die Gesamtsumme dieser besonderen Beiträge ist am Schlusse des Rechnungsjahres 1929 zur Entlastung derjenigen Unterhaltsträger zu verwenden, deren Beiträge in dem genannten Zeitraume höher gewesen sind als die für sie gemäß § 18 aus der Landesmittelschulkasse erfolgten Zahlungen. Für die Zeit nach dem 1. April 1929 gelten diese Bestimmungen sinngemäß stets für einen Rechnungsabschnitt von zwei Rechnungsjahren. Für die Feststellung, welchem Rechnungsabschnitt eine Einnahme oder Ausgabe zugerechnet wird, ist nicht der Zeitpunkt der Fälligkeit, sondern der Zeitpunkt der tatsächlichen Verrechnung bei der Landesmittelschulkasse entscheidend. Die Einnahmen aus den Sonderbeiträgen (Satz 1) werden von dem Unterrichtsminister unter Zustimmung des Kassenanwalts der Landesmittelschulkasse verteilt. Bei dieser Verteilung können Unterhaltungsträger, deren Mehrleistungen (Satz 2) im Verhältnis zu den von ihnen gezahlten Gesamtbeiträgen besonders hoch gewesen sind, vorzugsweise berücksichtigt und Unterhaltungsträger, deren Mehrleistungen im Verhältnis zu ihrer Beitragsleistung niedrig gewesen sind, geringer oder auch gar nicht berücksichtigt werden. Diese Vorschriften sind auch bei Verteilung der Einnahmen aus den für die Rechnungsjahre 1924 bis 1926 festgesetzten Sonderbeiträgen anzuwenden.

Der Unterrichtsminister wird ermächtigt, die Bestimmung unter Ziffer e vorübergehend unter Zustimmung des Kassenanwalts der Landesmittelschulkasse außer Kraft zu setzen.

(2) Der aus den vorstehenden Bestimmungen sich ergebende Gesamtbeitrag eines Schulunterhaltungsträgers kann für die einzelnen Schulstellen oder auch in seiner Gesamtheit abgerundet werden. Die Vorschriften über die Abrundung erlassen der Unterrichtsminister und der Finanzminister unter Zustimmung des Kassenanwalts der Landesmittelschulkasse.

(3) Alle Beiträge der Unterhaltungsträger an die Landesmittelschulkasse sind im Verwaltungszwangsverfahren beitreibbar. Sie sind vierteljährlich im voraus fällig. Der Unterrichts-

minister kann in Gemeinschaft mit dem Finanzminister unter Zustimmung des Kassenanwalts der Landesmittelschulkasse auch eine monatliche Zahlung anordnen. Unterhaltungsträger, die mit der Zahlung der Beiträge an die Landesmittelschulkasse im Rückstande bleiben, haben die Rückstände zu verzinsen. Dabei finden hinsichtlich der Berechnung, Erhebung und Erstattung von Zinsen das Gesetz zur Ergänzung der Abgabengesetze vom 25. November 1926 (Gesetzsamml. S. 310) und die zu seiner Ausführung erlassenen Bestimmungen sinngemäß Anwendung.

§ 23.

(1) Der nach § 22 Abs. 1 d zu zahlende allgemeine Stellenbeitrag wird von dem Unterrichtsminister und dem Finanzminister berechnet und nach Zustimmung des Kassenanwalts festgesetzt.

(2) Die Höhe des zur Landesmittelschulkasse zu entrichtenden Beitrags — einschließlich der Vorausleistungen — (§ 22 Abs. 1 a bis d und § 23 Abs. 1) ist den einzelnen Unterhaltungsträgern durch die Schulaufsichtsbehörde schriftlich mitzuteilen. Aus der Mitteilung muß ersichtlich sein, wie sich der Beitrag — getrennt nach den im § 22 Abs. 1 unter a, b c und d enthaltenen Bestimmungen — berechnet. Auch die Unterhaltungsträger der nach § 19 angeschlossenen Schulen, deren Beitragsleistung mit Zustimmung des Kassenanwalts der Landesmittelschulkasse auch abweichend von den Vorschriften im § 22 Abs. 1 a bis d geregelt werden kann, erhalten von der Schulaufsichtsbehörde eine gleiche schriftliche Mitteilung über die Höhe ihres Beitrags, soweit nicht ein anderes Verfahren ausdrücklich vereinbart wird.

(3) Gegen die Höhe des auf den einzelnen Unterhaltungsträger ausgeschriebenen Beitrags steht den Unterhaltungsträgern binnen vier Wochen vom Tage der Zustellung der schriftlichen Mitteilung über die Beitragshöhe ab der Einspruch bei der Schulaufsichtsbehörde, für die gemäß § 19 angeschlossenen Schulen bei der Regierung in Potsdam, und gegen deren Bescheid binnen zwei Wochen die Klage im Verwaltungsstreitverfahren beim Bezirksausschuß offen. Sie ist gegen die Schulaufsichtsbehörde und zugleich gegen die Landesmittelschulkasse, vertreten durch den Kassenanwalt, zu richten.

(4) Einspruch und Klage können nur darauf gestützt werden, daß die Berechnung des Beitrags nicht richtig oder eine Verpflichtung zur Beitragszahlung überhaupt nicht gegeben ist. Eine Anfechtung der Berechnung des Kassenbedarfs oder der auf Grund des § 22 unter e erwähnten Rückvergütungen ist nicht zulässig. Die Heranziehung zu den im § 22 Abs. 1 a bis c genannten Vorausleistungen ist nicht anfechtbar, wenn die Lehrer des Unterhaltungsträgers die höheren Dienstbezüge, zu deren Deckung die Vorausleistungen bestimmt sind, tatsächlich aus der Landesmittelschulkasse gezahlt erhalten.

(5) Die Bestimmungen des § 48 des Volksschullehrer-Besoldungsgesetzes gelten sinngemäß.

V. Schluß- und Übergangsbestimmungen.

§ 24.

(1) Waren Schulstellen öffentlicher mittlerer Schulen vor dem 1. April 1920 an andere Kasseneinrichtungen für die Gewährung von Ruhegehältern und Hinterbliebenenbezügen angeschlossen, und haben die Unterhaltungsträger gemäß § 22 Abs. 1 des Gesetzes vom 14. Januar 1921/14. Januar 1924 (Gesetzsamml. 1924 S. 61) die Mitgliedschaft aufrechterhalten, so können sie diese auch jetzt so lange fortsetzen, als die bisherigen Inhaber noch die angeschlossene Stelle innehaben. Die etwa auf Grund des Anschlusses zu gewährenden Ruhegehälter und Hinterbliebenenbezüge sind an den Unterhaltungsträger zu zahlen, soweit die Landesmittelschulkasse auf Grund der Bestimmungen dieses Gesetzes für diese Schulstellen Ruhegehälter und Hinterbliebenenbezüge zu zahlen hat. Sind die von der anderen Kasseneinrichtung zu gewährenden Versorgungsbezüge höher als die Bezüge aus der Landesmittelschulkasse, so kann die Schulaufsichtsbehörde bestimmen, daß der Mehrbetrag von dem Unterhaltungsträger an den Lehrer oder die Hinterbliebenen ausgezahlt wird.

(2) Die Ruhegehälter und Hinterbliebenenbezüge, deren Zahlungsbeginn vor dem 1. April 1920 liegt oder auf den 1. April 1920 fällt, sind von denen zu zahlen, die bis zum 1. April 1920 zur Übernahme dieser Bezüge verpflichtet waren. An die Stelle der Volksschullehrer-Ruhegehaltskassen tritt für diese Fälle die Landesschulkasse als Rechtsnachfolgerin der Volksschullehrer-Ruhegehaltskassen.

(3) Die nach § 10 Abs. 1 bis 3 und § 13 Abs. 4 des Gesetzes über die Unterbringung von mittelbaren Staatsbeamten und Lehrpersonen (Unterbringungsgesetz) vom 30. März 1920 (Gesetzsamml. S. 63) den Körperschaften auferlegten Verpflichtungen sind für die Lehrer an öffentlichen mittleren Schulen und für deren Hinterbliebene von der Landesmittelschulkasse zu erfüllen. Die dem Staate nach diesen Bestimmungen zu den Ruhegehältern und Hinterbliebenenbezügen obliegenden Leistungen sind an die Landesmittelschulkasse zu leisten.

§ 25.

(1) Die beim Inkrafttreten dieses Gesetzes im Amte befindlichen endgültig angestellten Lehrer mit den Bezügen der alten Besoldungsgruppe 1 erhalten ihr bisheriges Besoldungsdienstalter, im günstigsten Falle ein solches von sechzehn Jahren. Die Verkürzung des Besoldungsdienstalters darf jedoch vier Jahre nicht übersteigen und nicht verhindern, daß der Lehrer spätestens zwei Jahre vor der Erreichung der Altersgrenze das Endgrund-

gehalt erhält. Lehrer mit den Bezügen der alten Besoldungsgruppe 2 erhalten ihr um vier Jahre verbessertes Besoldungsdienstalter. Lehrer mit den Bezügen der alten Besoldungsgruppe 3 erhalten ihr um acht Jahre verbessertes Besoldungsdienstalter.

(2) Waren die bisherigen Dienstbezüge eines Lehrers nach dem Stande vom 30. September 1927 höher als die ihm auf Grund dieses Gesetzes zustehenden Dienstbezüge, so ist der Unterschiedsbetrag als ruhegehaltsfähiger Zuschuß bis zu dem Zeitpunkte weiterzugewähren, an dem der Unterschied durch Steigen der neuen Dienstbezüge ausgeglichen wird.

Hierbei bleiben außer Anrechnung

a) neu zu gewährende Kinderbeihilfen,

b) Erhöhungen des Wohnungsgeldzuschusses insoweit, als sie lediglich infolge der Hinaufsetzung eines Ortes in eine höhere Ortsklasse oder der Versetzung an einen Ort einer höheren Ortsklasse eingetreten.

(3) Wenn Unterhaltungsträger öffentlicher mittlerer Schulen einzelnen Lehrern vor der Verkündung des Mittelschullehrer-Diensteinkommensgesetzes — 18. März 1921 — hinsichtlich ihrer Besoldung Zusicherungen gemacht haben, die über das nach den Vorschriften dieses Gesetzes zulässige Maß hinausgehen, so können diesen Lehrern mit Genehmigung der Schulaufsichtsbehörde insoweit Besoldungszuschüsse gewährt werden, als es zur Erfüllung der erteilten Zusicherungen notwendig ist. Ob die Voraussetzungen für die Gewährung solcher Besoldungszuschüsse vorliegen, bestimmt endgültig die Schulaufsichtsbehörde.

(4) Die Konrektoren an öffentlichen mittleren Schulen mit den Bezügen der bisherigen Besoldungsgruppe 3, denen nach den Vorschriften dieses Gesetzes keine Stellenzulage gewährt wird, erhalten für ihre Person unter Beibehaltung ihrer Amtsbezeichnung eine ruhegehaltsfähige Zulage von jährlich 600 *RM*. Die Leiter von mittleren Schulen mit den Bezügen der bisherigen Besoldungsgruppe 3, denen eine Stellenzulage von jährlich 1400 *RM* (§ 4 Abs. 1 b) nicht gewährt wird, erhalten — gegebenenfalls an Stelle sonstiger Stellenzulagen (§ 4 Abs. 1 c) — für ihre Person eine ruhegehaltsfähige Zulage von jährlich 800 *RM*.

(5) Bei der Erhöhung des Ruhegehalts, des Wartegeldes und des Witwen- und Waisengeldes nach Maßgabe des § 28 des Volksschullehrer-Besoldungsgesetzes und der §§ 19 flg. des Preußischen Besoldungsgesetzes sind die aus § 2 und § 24 Abs. 3 des bisherigen Mittelschullehrer-Diensteinkommensgesetzes gewährten und aus der Landesmittelschulkasse gezahlten Besoldungszuschüsse dem im § 19 Abs. 2 des Preußischen Besoldungsgesetzes genannten Grundgehalt hinzuzurechnen.

§ 26.

(1) Änderungen der durch dieses Gesetz geregelten Dienstbezüge sowie der Ruhegehälter, Wartegelder und Hinterbliebenenbezüge können durch Gesetz erfolgen.

(2) Werden Lehrer oder Versorgungsberechtigte durch eine solche Änderung hinsichtlich der im Abs. 1 genannten Bezüge mit rückwirkender Kraft schlechter gestellt, so sind die Unterschiedsbeträge nicht zurückzuerstatten.

(3) In allen übrigen Fällen sind zuviel erhobene Dienstbezüge, Ruhegehälter, Wartegelder und Hinterbliebenenbezüge, auch soweit eine Bereicherung nicht mehr vorliegt, zurückzuzahlen.

§ 27.

Alle den Vorschriften dieses Gesetzes entgegenstehenden Bestimmungen werden aufgehoben.

§ 28.

(1) Dieses Gesetz tritt mit Wirkung vom 1. Oktober 1927 ab, soweit die Beiträge der Unterhaltungsträger zur Landesmittelschulkasse in Betracht kommen, jedoch erst vom 1. April 1928 ab in Kraft. Die nach den bisherigen Vorschriften für den Monat Oktober 1927 zu leistenden Beiträge sind bis zum Schlusse des Rechnungsjahres 1927 unverändert weiterzuzahlen.

(2) Mit der Ausführung des Gesetzes werden der Unterrichtsminister, der Finanzminister und der Minister des Innern beauftragt. Der Unterrichtsminister und der Finanzminister sind ermächtigt, in Ausnahmefällen eine von den vorstehenden Gesetzesbestimmungen abweichende Regelung zuzulassen, sofern die besondere Lage der Verhältnisse es geboten erscheinen läßt.

(3) Die Ausführungsbestimmungen sind dem Landtage vorzulegen.

Das vorstehende, vom Landtage beschlossene Gesetz wird hiermit verkündet. Die verfassungsmäßigen Rechte des Staatsrats sind gewahrt.

Berlin, den 30. April 1928.

Das Preußische Staatsministerium.

Zugleich für den Finanzminister

Braun. Becker. Grzesinski.

Gesetz

über die Dienstbezüge der Lehrpersonen an den Berufsschulen

(Gewerbe- u. Handelslehrer-Besoldungsgesetz—GBG—).

Vom 16. April 1928.

(G. S. S. 89).

Vorbemerkung.

Die Bezüge der Gewerbe- und Handelslehrer (Lehrerinnen) haben im Vergleich zu den Gehältern der unmittelbaren Staatsbeamten, mit denen sie bei der Besoldungsneuregelung des Jahres 1920 zunächst gleichgestellt waren, mehrfach Abänderungen erfahren. Das GDG. vom 14. Jan. 1921 hatte drei Besoldungsgruppen vorgesehen, die den Gruppen 9, 10 und 11 des BTG. vom 17. Dez. 1920 entsprachen, wobei die Lehrer (Lehrerinnen) sämtlich in die der Gruppe 9 entsprechenden Gehaltssätze eingewiesen waren. Hiergegen hatte der Reichsminister der Finanzen auf Grund des sogenannten Sperrgesetzes Einspruch erhoben und durch die Fassung des Gesetzes vom 17. Okt. 1922 war ein Teil der Gewerbelehrerinnen in die Gruppe 8 zurückversetzt worden. Im Frühjahr 1927 hatte dann der Landtag ein Gesetz verabschiedet, das die Gewerbe- und Handelslehrer (Lehrerinnen) sämtlich wieder in die Gruppe 9 brachte, daneben Aufrückungsstellen für sie in der Gruppe 10 schuf. Gegen dieses Gesetz war vom Staatsrat Einspruch erhoben worden mit der Begründung, daß eine solche Aufrückungsmöglichkeit zu Berufungen der Mittelschullehrer und anderer Beamtengruppen Anlaß geben könne. Über den Einspruch hat der Landtag nicht mehr entschieden.

Im Gegensatz zu diesem Gesetz sind durch den Anhang zur Besoldungsordnung des PrBesG. vom 17. Dez. 1920 die Gewerbe- und Handelslehrer den Mittelschullehrern gleichgestellt worden. Bei den Leitern (Leiterinnen) und den Lehrstellen in Beförderungsstellen ist jedoch die Besoldung abweichend von der für die Rektoren und Konrektoren der Mittelschulen getroffenen Regelung festgesetzt. Während für diese ruhegehaltsfähige Stellenzulagen eingeführt sind, sind für jene besondere Besoldungsgruppen geschaffen. Das nachstehende Gesetz gibt nun die näheren Vorschriften zur Durchführung der im Anhang zum PrBesG. bereits grundsätzlich festgelegten Bestimmungen über die Dienstbezüge der an den Berufsschulen tätigen Lehrpersonen. Es vervollständigt die dort festgelegten Vorschriften noch durch Einführung einer vierten Besoldungsgruppe, in welche diejenigen technischen Lehrer und Lehrerinnen eingereiht sind, die ausnahmsweise noch an Berufsschulen beschäftigt werden, ohne die in dem Erlasse des Ministers für Handel und Gewerbe vom 7. Mai 1916 vorgeschriebene Vorbildung zu besitzen. Eine gesetzliche Regelung der Besoldung dieser Lehrpersonen ist nicht zu umgehen, da auch künftig noch mit der Beschäftigung von Lehrpersonen im Dienst der Berufsschulen gerechnet werden muß, die den Anforderungen des vorstehend genannten Erlasses nicht entsprechen.

Die Vorschriften über die Regelung des Besoldungsdienstalters, die z. T. von der im § 3 Abs. 5. Satz 1 PrBesG. aufgestellten Regel abweichen, sind durch die vom Landtag geforderte völlige Gleichstellung der Gewerbe- und Handelslehrer mit den Mittelschullehrern bedingt. Da bei diesen eine Beförderung infolge der damit verbundenen Stellenzulagen stets mit einer Verbesserung im Gehalt um 600, 800 oder 1400 *RM* verbunden ist, so mußte durch entsprechende Bestimmungen für die Gewerbe- und Handelslehrer der gleiche Vorteil sicher gestellt werden.

Neu ist die Einführung der sogenannten Besoldungszuschüsse, die das GDG. nicht kannte, auch sie erfolgte mit Rücksicht auf die Gleichstellung mit den Mittelschullehrern.

Die Grundvergütungen für die nichtplanmäßigen vollbeschäftigten Lehrpersonen richtet sich nach den für die nichtplanmäßigen unmittelbaren Staatsbeamten gegebenen Vorschriften. Die im § 12 des Mittelschullehrerbesoldungsgesetzes vorgesehene Regelung zu übernehmen, war wegen der ganz verschiedenen Verhältnisse an den Berufsschulen nicht möglich.

Die Bestimmungen über die Aufbringung der Kosten sowie über die Anstellung und Versetzung der Lehrpersonen lehnen sich an die bisherigen Gesetzesvorschriften an.

Der Landtag hat folgendes Gesetz beschlossen:

I. Dienstbezüge.

A. Planmäßig angestellte Lehrpersonen.

1. Allgemeine Vorschriften.

§ 1.

(1) Die hauptamtlichen, an den Berufsschulen planmäßig angestellten Lehrpersonen erhalten ein Grundgehalt und einen Wohnungsgeldzuschuß. Daneben erhalten sie, soweit es in diesem Gesetze bestimmt oder zugelassen ist, Zulagen, Besoldungszuschüsse, Kinderbeihilfen und Sondervergütungen.

(2) Als Diensteinkommen im Sinne dieses Gesetzes gelten die gesamten auf Grund dieses Gesetzes gewährten Dienstbezüge mit Ausnahme der Kinderbeihilfen.

(3) Unter dieses Gesetz fallen nur Lehrpersonen, deren Zeit durch die ihnen übertragenen Geschäfte voll in Anspruch genommen wird. Ob Lehrpersonen voll beschäftigt sind oder nicht, entscheidet die Schulaufsichtsbehörde.

2. Grundgehalt.

§ 2.

(1) Das Grundgehalt wird den hauptamtlichen, planmäßig angestellten Lehrpersonen nach folgenden Sätzen gewährt:

Besoldungsgruppe 1

4400 — 4900 — 5800 — 6200 — 6600 – 7000 — 7400 — 7800 — 8100 – 8400 RM jährlich

1. den Leitern und Leiterinnen der beruflich ausgebauten Schulen, die vom Minister für Handel und Gewerbe nach den mit dem Finanzministerium zu vereinbarenden Grundsätzen ausdrücklich als solche anerkannt sind,
2. den Leitern und Leiterinnen der nicht als beruflich ausgebaut anerkannten Berufsschulen, die von Landkreisen unterhalten

werden (Kreisberufsschulen), wenn diese zusammen von mehr als zweitausend Schülern besucht werden.

Besoldungsgruppe 2

3600 — 4000 — 4400 — 4800 — 5200 — 5600 — 6000 — 6300 — 6600 — 6900 — 7200 RM jährlich

1. den Leitern und Leiterinnen
   a) von Schulen mit mindestens vier hauptamtlichen, planmäßig angestellten Lehrpersonen mit der Anstellungsfähigkeit als Gewerbe- oder Handelslehrer oder -lehrerin, soweit sie nicht nach den Sätzen der Besoldungsgruppe 1 besoldet werden,
   b) von nicht als beruflich ausgebaut anerkannten Berufsschulen, die von Landkreisen unterhalten werden (Kreisberufsschulen), wenn diese zusammen von weniger als zweitausend Schülern besucht werden,
2. den Stellvertretern und Stellvertreterinnen der Leiter und Leiterinnen; an Schulen mit mindestens vier hauptamtlichen, planmäßigen Lehrpersonen mit der Anstellungsfähigkeit als Gewerbe- oder Handelslehrer oder -lehrerin und mit mindestens fünfzehn Klassen ist neben der Stelle des Leiters oder der Leiterin e i n e und mit mindestens acht solcher Lehrpersonen und dreißig Klassen eine z w e i t e Stelle für einen Stellvertreter oder eine Stellvertreterin zu schaffen,
3. den Fachvorstehern und Fachvorsteherinnen der beruflich ausgebauten Schulen; wenn an diesen Schulen mindestens je fünfzehn Klassen einer oder mehrerer Fachrichtungen bestehen, so ist für jede dieser Fachrichtungen eine Stelle für einen Fachvorsteher oder eine Fachvorsteherin zu schaffen.

Besoldungsgruppe 3

3600 — 3850 — 4100 — 4350 — 4600 — 4800 — 5000 — 5200 — 5400 — 5600 — 5800 RM jährlich

1. den Leitern und Leiterinnen von Schulen mit weniger als vier hauptamtlichen, planmäßig angestellten Lehrpersonen mit der Anstellungsfähigkeit als Gewerbe- oder Handelslehrer oder -lehrerin, denen außerdem von der dritten Dienstaltersstufe an eine ruhegehaltsfähige Stellenzulage in folgender Höhe zu gewähren ist:
   a) an einer Schule von mindestens dreihundert Schülern und einer weiteren hauptamtlichen, planmäßig angestellten Lehrperson mit der Anstellungsfähigkeit als Gewerbe- oder Handelslehrer oder -lehrerin 400 RM;
   b) an einer Schule von mindestens fünfhundert Schülern und zwei weiteren hauptamtlichen, planmäßig angestellten Lehrpersonen mit der Anstellungsfähigkeit als Gewerbe- oder Handelslehrer oder -lehrerin 600 RM.

Die Schulträger können mit Genehmigung der Schulaufsichtsbehörde diesen Leitern und Leiterinnen unter Fortfall der ruhegehaltsfähigen Zulage ein Grundgehalt nach den Sätzen der Besoldungsgruppe 2 gewähren, wenn an der betreffenden Schule außer dem Leiter oder der Leiterin mindestens eine zweite hauptamtliche, planmäßig angestellte Lehrperson mit der Anstellungsfähigkeit als Gewerbe- oder Handelslehrer oder -lehrerin vorhanden ist und die Schule wenigstens zwei Abteilungen für verschiedene Berufsgruppen umfaßt,

2. den alleinstehenden Lehrern und Lehrerinnen, denen außerdem von der dritten Dienstaltersstufe an eine ruhegehaltsfähige Stellenzulage von 200 *RM* zu gewähren ist, sofern an der Schule noch nebenamtliche Lehrpersonen tätig sind. Diese Stellenzulage fällt weg, wenn der alleinstehende Lehrer oder die alleinstehende Lehrerin in eine andere Stelle berufen oder versetzt wird, mit der eine Stellenzulage nicht verbunden ist. Die Versetzung gilt in diesem Falle gleichwohl als Versetzung in ein Amt von nicht geringerem planmäßigen Diensteinkommen im Sinne des § 87 Nr. 1 des Gesetzes, betreffend die Dienstvergehen der nichtrichterlichen Beamten, vom 21. Juli 1852 (GS. S. 465),
3. den Lehrpersonen mit der Anstellungsfähigkeit als Gewerbe- oder Handelslehrer oder -lehrerin,
4. den Turnlehrern und Turnlehrerinnen, die die für die Anstellung an den höheren Lehranstalten vorgeschriebene Prüfung abgelegt haben.

Besoldungsgruppe 4

2 800 — 3 050 — 3 300 — 3 550 — 3 800 — 4 000 — 4 200 — 4 400 — 4 600 — 4 800 — 5 000 *RM* jährlich

den technischen Lehrern und Lehrerinnen. Volksschullehrer mit einer Zusatzausbildung als Lehrer für Schreibfächer und Bürotechnik erhalten eine ruhegehaltsfähige Zulage von 300 *RM*.

(2) Die Schulaufsichtsbehörde entscheidet endgültig darüber,

a) ob ein Leiter oder eine Leiterin Leiter oder Leiterin einer nicht als beruflich ausgebaut anerkannten Berufsschule ist, die von einem Landkreise unterhalten (Kreisberufsschule) und von mehr als zweitausend Schülern besucht wird,
b) ob eine Lehrperson Leiter oder Leiterin einer Schule mit mindestens vier hauptamtlichen, planmäßig angestellten Lehrpersonen mit der Anstellungsfähigkeit als Gewerbe- oder Handelslehrer oder -lehrerin ist,
c) ob die Bedingungen für die Schaffung von Stellen für Stellvertreter oder Stellvertreterinnen des Leiters oder der Leiterin einer Berufsschule oder für Fachvorsteher oder Fachvor-

steherinnen und für die Gewährung einer ruhegehaltsfähigen Stellenzulage erfüllt sind.

(3) Das Grundgehalt steigt nach Dienstaltersstufen von zwei zu zwei Jahren bis zur Erreichung des Endgrundgehalts. Die Dienstalterszulagen werden vom Ersten des Kalendermonats an gezahlt, in den der Eintritt in die neue Dienstaltersstufe fällt.

(4) Die hauptamtlichen, planmäßig angestellten Stellvertreterinnen von Leitern oder Leiterinnen, Fachvorsteherinnen und Lehrerinnen erhalten, solange nicht allgemein für Lehrer und Lehrerinnen das gleiche Arbeitsmaß festgesetzt ist, die Grundgehaltssätze um zehn vom Hundert gekürzt.

(5) Auf das Aufrücken im Grundgehalt haben die hauptamtlichen, planmäßig angestellten Lehrpersonen einen Rechtsanspruch. Der Anspruch ruht, solange ein förmliches Disziplinarverfahren oder wegen eines Verbrechens oder Vergehens ein Hauptverfahren oder eine Voruntersuchung schwebt. Führt ein strafgerichtliches Verfahren zur Verurteilung wegen eines Verbrechens oder Vergehens und wird binnen eines Monats nach Abschluß des strafgerichtlichen Verfahrens wegen der nämlichen Tatsachen ein förmliches Disziplinarverfahren eingeleitet, so ruht der Anspruch auch während der Zwischenzeit. Führt das Verfahren zum Verluste des Amtes, so erlischt der Anspruch auch für die Zeit des Ruhens.

3. Besoldungsdienstalter.

§ 3.

(1) Das Besoldungsdienstalter der hauptamtlichen, planmäßig angestellten Lehrpersonen beginnt, soweit in diesem Gesetz oder in der Ausführungsanweisung dazu nichts Abweichendes bestimmt oder zugelassen ist, mit dem Ersten des Monats, in dem die Lehrperson im Berufsschuldienst erstmalig hauptamtlich planmäßig angestellt wird, jedoch nicht vor der Vollendung des sechsundzwanzigsten Lebensjahrs. Von diesem Zeitpunkt an sind die Zeitabschnitte für das Verbleiben im Anfangsgrundgehalt und für das Aufsteigen in die höheren Grundgehaltsstufen zu rechnen. Als Zeitpunkt der hauptamtlichen, planmäßigen Anstellung gilt der Tag, von dem an der Lehrperson eine planmäßige Stelle mit dem damit verbundenen Diensteinkommen dauernd verliehen worden ist.

(2) Bei Gewährung einer ruhegehaltsfähigen Stellenzulage (§ 2) oder eines Besoldungszuschusses (§ 5) wird das Besoldungsdienstalter nicht geändert.

(3) Soweit in diesem Gesetze nichts Abweichendes bestimmt oder zugelassen ist, wird das Besoldungsdienstalter nach den für die unmittelbaren Staatsbeamten jeweils geltenden Bestimmungen festgesetzt. § 4 des Preußischen Besoldungsgesetzes gilt entsprechend.

(4) Neugeschaffene Stellen können, auch wenn die Besetzung später ausgesprochen wird, bereits mit Wirkung vom Tage der Errichtung der Stelle und der Bereitstellung der erforderlichen

Mittel, frühestens jedoch vom Beginne des laufenden Rechnungsjahrs an, verliehen werden, sofern die Lehrperson die Stelle bereits von diesem Zeitpunkt an versehen hat.

(5) Bei der Festsetzung des Besoldungsdienstalters ist von der Zeit, die eine Lehrperson im Berufsschuldienste von dem Eintritt in diesen bis zur hauptamtlichen, planmäßigen Anstellung selbständig in voller Beschäftigung verbracht hat, die über die Vollendung des sechsundzwanzigsten Lebensjahrs hinausgehende Dienstzeit auf das Besoldungsdienstalter anzurechnen, soweit die hauptamtliche, planmäßige Anstellung durch den Mangel an offenen Stellen oder durch sonstige von dem Zutun der Lehrperson unabhängige Gründe verzögert worden ist.

(6) Beim Übertritt einer Lehrperson in eine höhere Besoldungsgruppe ist das Besoldungsdienstalter, soweit in diesem Gesetz oder in der Ausführungsanweisung dazu nichts Abweichendes bestimmt oder zugelassen ist, in der Weise festzusetzen, daß sie erhält:

1. wenn der Lehrperson eine ruhegehaltsfähige Stellenzulage (§ 2) oder ein Besoldungszuschuß (§ 5) nicht gewährt wird,
   a) beim Übertritt aus der Besoldungsgruppe 3 in die Besoldungsgruppe 2 in den ersten vier Dienstaltersstufen einen um mindestens 300 *RM* höheren Grundgehaltssatz und von der fünften Dienstaltersstufe an einen solchen von mindestens 600 *RM*,
   b) beim Übertritt aus der Besoldungsgruppe 4 und aus der Besoldungsgruppe 2 in die Besoldungsgruppe 1 stets den gegenüber ihrem bisherigen Grundgehaltssatze nächsthöheren Satz,
   c) beim Übertritt aus der Besoldungsgruppe 3 in die Besoldungsgruppe 1 ein Besoldungsdienstalter, wie wenn ihr zunächst eine Stelle in der Besoldungsgruppe 2 verliehen worden wäre;
2. wenn der Lehrperson eine ruhegehaltsfähige Stellenzulage (§ 2) oder ein Besoldungszuschuß (§ 5) oder beides gewährt wird:
   a) den gegenüber diesen Dienstbezügen nächsthöheren Grundgehaltssatz oder den nächsthöheren Satz, der sich aus dem Grundgehaltssatze zuzüglich eines Besoldungszuschusses ergibt,
   b) beim Übertritt aus der Besoldungsgruppe 3 in die Besoldungsgruppe 1 jedoch ein Besoldungsdienstalter, wie wenn ihr zunächst eine Stelle in der Besoldungsgruppe 2 verliehen worden wäre.

Den nächsthöheren Grundgehaltssatz behält die Lehrperson zwei Jahre lang. Wäre sie jedoch in der früheren Besoldungsgruppe bereits vor Ablauf dieser Zeit in die nächsthöhere Stufe aufgestiegen und damit zu einem Grundgehaltssatze gelangt, der über den ihr in der neuen Besoldungsgruppe gewährten hinausgeht oder ihm gleichkommt, so steigt sie auch in der neuen Besoldungsgruppe zu derselben Zeit in die folgende Stufe. Hierbei sind die ruhegehaltsfähigen und unwiderruflichen Stellenzulagen (§ 2) und Besoldungszuschüsse (§ 5), die die Lehrperson in der bisherigen Besoldungsgruppe bezogen hat oder in der neuen Besoldungsgruppe beziehen wird, dem Grundgehaltssatze hinzuzurechnen.

§ 4.

(1) Tritt eine Lehrperson unmittelbar aus dem Volksschuldienst oder dem mittleren Schuldienst oder aus einer Oberschullehrerstelle an einer anerkannten höheren Lehranstalt in den Berufsschuldienst über, so wird das Besoldungsdienstalter nicht geändert. Beim unmittelbaren Übertritt aus dem Dienste des Reichs, eines der Länder, einer Gemeinde, einer Körperschaft des öffentlichen Rechtes oder aus einem anderen öffentlichen Schuldienst in den Dienst an einer Berufsschule wird die in planmäßigen Stellen nach Vollendung des sechsundzwanzigsten Lebensjahrs zurückgelegte Dienstzeit auf das Besoldungsdienstalter angerechnet. Unmittelbarer Übertritt liegt auch dann vor, wenn die Zeit zwischen dem Austritt aus dem früheren Amt und dem Eintritt in den Dienst an einer Berufsschule nachweislich ungekürzt dem Erwerbe der Anwartschaft auf Anstellung als Gewerbe- oder Handelslehrer oder -lehrerin gewidmet war.

(2) Wieweit die Beschäftigung an deutschen Auslandsschulen oder an anderen Schulen oder die Zeit früherer praktischer Tätigkeit auf das Besoldungsdienstalter angerechnet werden kann, wird von dem Minister für Handel und Gewerbe bestimmt. Eine Verbesserung des Besoldungsdienstalters um mehr als die Hälfte der Gesamtaufrückungszeit in der Besoldungsgruppe ist nur in Ausnahmefällen mit Zustimmung des Finanzministers zulässig. Die auf das Besoldungsdienstalter angerechnete Zeit kann auf die Ruhegehaltszeit angerechnet werden.

(3) Falls eine Lehrerin infolge ihrer Verheiratung aus dem Schuldienst ausgeschieden ist, können ihr beim späteren Wiedereintritt in den Schuldienst aus besonderen Gründen die früheren Dienstjahre angerechnet werden. Eine Anrechnung der Dienstzeit, für die eine Abfindungssumme gezahlt worden ist, findet jedoch nicht statt.

4. Besoldungszuschüsse.

§ 5.

(1) Die Schulträger können mit Genehmigung der Schulaufsichtsbehörde für Schulstellen, für deren Inhaber oder Inhaberinnen besondere Anforderungen vorgeschrieben sind, nach näherer Bestimmung der Ausführungsanweisung zu diesem Gesetze ruhegehaltsfähige Besoldungszuschüsse bewilligen. Die Schulaufsichtsbehörde kann für diese Zuschüsse Höchstbeträge festsetzen.

(2) Diese Zuschüsse gelten nicht als Grundgehalt.

5. Wohnungsgeldzuschuß.

§ 6.

(1) Die Höhe des Wohnungsgeldzuschusses der hauptamtlichen, planmäßig angestellten Lehrpersonen bemißt sich nach den Vorschriften des Gesetzes über die Dienstbezüge der unmittelbaren Staatsbeamten (Preußisches Besoldungsgesetz), und zwar:

a) in der Besoldungsgruppe 1 in der ersten bis dritten Dienstaltersstufe nach Tarifklasse IV, von der vierten Dienstaltersstufe an nach Tarifklasse III, wenn sie einen Besoldungszuschuß (§ 5) von jährlich mindestens 600 *RM* beziehen, in allen Dienstaltersstufen nach Tarifklasse III;

b) in der Besoldungsgruppe 2 in der ersten bis fünften Dienstaltersstufe nach Tarifklasse IV, von der sechsten Dienstaltersstufe an nach Tarifklasse III;

c) in der Besoldungsgruppe 3 nach Tarifklasse IV, wenn sie einen Besoldungszuschuß (§ 5) von jährlich mehr als 800 *RM* beziehen, in den vier obersten Dienstaltersstufen nach Tarifklasse III;

d) in der Besoldungsgruppe 4 in der ersten bis dritten Dienstaltersstufe nach Tarifklasse V, von der vierten Dienstaltersstufe an nach Tarifklasse IV.

(2) Die Vorschriften in den §§ 6 bis 10 des Preußischen Besoldungsgesetzes sowie in den §§ 11 bis 13 und § 14 Abs. 1, 2, 4 und 5 Satz 1 und 2 des Volksschullehrerbesoldungsgesetzes finden sinngemäß Anwendung mit der Maßgabe, daß an die Stelle des Unterrichtsministers der Minister für Handel und Gewerbe tritt.

(3) Bei Zuweisung einer Dienstwohnung ist ein Verzicht auf die im § 10 des Preußischen Besoldungsgesetzes vorgeschriebene Anrechnung seitens des Wohnungsstellers unzulässig.

6. Kinderbeihilfen.

§ 7.

§ 11 des Preußischen Besoldungsgesetzes gilt entsprechend.

7. Sondervergütungen.

§ 8.

(1) Besondere in diesem Gesetze nicht vorgesehene Zulagen oder Vergütungen dürfen auch dann nicht gewährt werden, wenn damit Leistungen im Schulamt abgegolten werden sollen, die über das festgesetzte oder übliche Arbeitsmaß hinausgehen.

(2) Außerordentliche Bewilligungen an einzelne Lehrpersonen sind nur aus besonderen Gründen zulässig.

B. Nichtplanmäßige, vollbeschäftigte Lehrpersonen.

§ 9.

(1) Nichtplanmäßige, vollbeschäftigte Lehrpersonen erhalten eine Grundvergütung nach folgenden Sätzen:

in Besoldungsgruppe 3
während des ersten und zweiten Anwärterdienstjahrs 3000 *RM*,
während des dritten und vierten Anwärterdienstjahrs 3200 *RM*,
vom fünften Anwärterdienstjahr an . . . . 3400 *RM*,

in Besoldungsgruppe 4
während des ersten und zweiten Anwärterdienstjahrs 2350 *RM*,
während des dritten und vierten Anwärterdienstjahrs 2500 *RM*,
vom fünften Anwärterdienstjahr an . . . . 2650 *RM*.

Daneben erhalten sie den Wohnungsgeldzuschuß, den sie in der ersten Dienstaltersstufe der Besoldungsgruppe beziehen würden, in der sie beim regelmäßigen Verlauf ihrer Dienstlaufbahn zuerst planmäßig angestellt werden. Lehrpersonen, die in eine Stelle der Besoldungsgruppen 1 und 2 berufen sind, erhalten die vollen Bezüge der Stelle. § 1 Abs. 1 Satz 2 und Abs. 3, § 2 Abs. 3 und 4, § 3 Abs. 2 dieses Gesetzes gelten sinngemäß.

(2) Das Aufrücken in der Grundvergütung kann versagt werden, wenn das dienstliche oder außerdienstliche Verhalten der Lehrpersonen in erheblichem Maße zu beanstanden ist. Vor der Verfügung ist der Lehrperson Gelegenheit zu geben, sich über die Gründe der beabsichtigten Maßregel zu äußern. Wird das Aufrücken versagt, so sind ihr die Gründe schriftlich mitzuteilen. Gegen die Verfügung steht der Lehrperson die Beschwerde an den Minister für Handel und Gewerbe zu, sofern die Verfügung nicht von diesem selbst erlassen ist. Nach Behebung der Beanstandungen ist der vorläufig versagte Grundvergütungssatz zu gewähren, und zwar vom Ersten des Monats ab, in dem die Gewährung ausgesprochen wird. Nur aus besonderen Gründen ist sie von einem früheren Zeitpunkt an zulässig. Sie bedarf dann der Genehmigung des Ministers für Handel und Gewerbe. Die einstweilige Versagung der Aufrückung hat für sich allein nicht die Wirkung, daß dadurch der Zeitpunkt für das Aufsteigen in die nächsthöhere Vergütungsstufe hinausgeschoben wird.

(3) Das Anwärterdienstalter der nichtplanmäßigen, vollbeschäftigten Lehrpersonen beginnt mit dem Tage, an dem die Lehrperson nach erlangter Anstellungsfähigkeit im Berufsschuldienste selbständig vollbeschäftigt worden ist, soweit in diesem Gesetz oder in den Ausführungsbestimmungen dazu nichts Abweichendes bestimmt oder zugelassen ist. Von diesem Zeitpunkt an sind die Zeitabschnitte für das Verbleiben in den Grundvergütungssätzen zu rechnen. Die Dienstzeit als nichtplanmäßige, vollbeschäftigte Lehrperson soll fünf Jahre nicht übersteigen. Ist die Lehrperson bis zur Vollendung des fünften Dienstjahrs noch nicht planmäßig angestellt, so erhält sie vom Beginne des sechsten an eine Grundvergütung in Höhe des Anfangsgehalts der Besoldungsgruppe, in der sie beim regelmäßigen Verlauf ihrer Dienstlaufbahn zuerst planmäßig angestellt wird.

(4) Im übrigen finden für die Festsetzung des Anwärterdienstalters die für die unmittelbaren Staatsbeamten jeweils geltenden Bestimmungen sinngemäß Anwendung.

(5) In besonderen Fällen ist eine Abweichung von den Vorschriften der Abs. 1 bis 4 mit Genehmigung der Schulaufsichtsbehörde zulässig.

C. Sonstige Vorschriften.

1. Ruhegehalt und Hinterbliebenenversorgung.

§ 10.

Ruhegehalt und Hinterbliebenenversorgung wird nach den für die Volksschullehrer geltenden Vorschriften gewährt. Bei der Berechnung der ruhegehaltsfähigen Dienstzeit wird auch die Zeit angerechnet, während der eine Lehrperson im Dienst einer Gemeinde, eines Gemeindeverbands, einer Industrie- und Handelskammer, einer Handwerkskammer, einer Innung oder eines Innungsverbands tätig war.

2. Gnadenbezüge.

§ 11.

(1) Hinsichtlich der Gewährung von Gnadenbezügen an die Hinterbliebenen einer an einer Berufsschule hauptamtlichen, planmäßig angestellten Lehrperson finden die für die unmittelbaren Staatsbeamten bestehenden Bestimmungen entsprechende Anwendung. Auch den ehelichen Nachkommen einer weiblichen Lehrperson steht der Anspruch auf Gnadenbezüge zu.

(2) An wen die Gnadenbezüge zu leisten sind, bestimmt die Schulaufsichtsbehörde.

§ 12.

(1) Im Genusse der Dienstwohnung ist die hinterbliebene Familie, die mit dem Verstorbenen die Wohnung geteilt hat, nach Ablauf des Sterbemonats noch drei Monate zu belassen. Hinterbleibt eine solche Familie nicht, so ist denen, auf die der Nachlaß übergeht, eine vom Todestag an zu rechnende dreißigtägige Frist zur Räumung der Dienstwohnung zu gewähren.

(2) In jedem Falle muß auf Erfordern der Schulaufsichtsbehörde dem, der mit der Verwaltung der Stelle beauftragt ist, ohne Anspruch auf Entschädigung in der Dienstwohnung ein Unterkommen gewährt werden.

3. Zahlungsweise des Diensteinkommens.

§ 13.

(1) Die Lehrpersonen erhalten ihre Dienstbezüge, soweit sie ihnen in festen Barbezügen zustehen, monatlich im voraus. Der Finanzminister kann bestimmen, daß die Dienstbezüge der hauptamtlichen, planmäßig angestellten Lehrpersonen bei Überweisung auf ein Konto vierteljährlich im voraus gezahlt werden dürfen.

(2) Der Finanzminister ist ermächtigt, Vorschriften über die Abrundung der auszuzahlenden Beträge zu erlassen.

4. Rechtsweg.

§ 14.

Die Klage wegen der Gehalts- und sonstiger vermögensrechtlicher Ansprüche der Lehrpersonen ist gegen den Schulträger zu richten. Der Erhebung der Klage muß eine Entscheidung der Schulaufsichtsbehörde über die streitigen Ansprüche vorhergehen.

II. Aufbringung der Kosten.

A. Pflichten der Schulträger.

§ 15.

(1) Die Schulunterhaltungskosten sind vom Schulträger aufzubringen.

(2) Die Gemeinden (Gemeindeverbände) sind verpflichtet, an die Körperschaften des öffentlichen Rechtes, die eine Berufsschule oder eine von der Schulaufsichtsbehörde als solche anerkannte Schule unterhalten, für jeden Pflichtschüler dieser Schulen die Hälfte des Betrags abzuführen, der nach den im Haushaltsplane veranschlagten Ausgaben auf den einzelnen Pflichtschüler der Berufsschule der Gemeinde (des Gemeindeverbandes) entfällt.

B. Schulbeiträge.

§ 16.

(1) Zur Deckung der Schulunterhaltungskosten können die Gemeinden (Gemeindeverbände) Schulbeiträge erheben. Der Gesamtbetrag der Schulbeiträge darf die Hälfte der voranschlagsmäßigen, durch Zuschüsse aus öffentlichen Mitteln und sonstige Einnahmen der Berufsschulen nicht gedeckten laufenden Unterhaltungskosten sämtlicher Berufsschulen der Gemeinde (des Gemeindeverbandes) nicht übersteigen.

(2) Im Falle der Erhebung von Schulbeiträgen sind zu ihrer Leistung verpflichtet:

a) die Gewerbetreibenden für ihre Betriebsstätten im Bezirke;

b) die nichtgewerbetreibenden Arbeitgeber des Bezirkes, soweit die Jugendlichen der einzelnen bei ihnen beschäftigten Arbeiter- und Angestelltengruppen berufsschulpflichtig sind.

(3) Die Gemeinden (Gemeindeverbände) können durch Beschluß die Gewerbetreibenden (Abs. 2 a) von der Leistung von Schulbeiträgen frei lassen, wenn und soweit sie Arbeiter- und Angestelltengruppen beschäftigen, deren Jugendliche nicht berufsschulpflichtig sind. Der Beschluß bedarf der Zustimmung der Schulaufsichtsbehörde.

(4) Die Schulbeiträge werden erhoben:

a) von den Gewerbetreibenden (Abs. 2 a) in der Form von Zuschlägen zu den Grundbeträgen der Gewerbesteuer und

b) von den nichtgewerbetreibenden Arbeitgebern (Abs. 2 b) nach der Zahl der von ihnen beschäftigten Arbeiter und Angestellten.

(5) Die Höhe der Zuschläge zu den Grundbeträgen der Gewerbesteuer und der von den nichtgewerbetreibenden Arbeitgebern (Abs. 2 b) zu entrichtenden Schulbeiträge wird durch Beschluß der Gemeinde (des Gemeindeverbandes) bestimmt. Die Schulbeiträge können mit Zustimmung der Schulaufsichtsbehörde für alle Angehörigen eines oder mehrerer Gewerbezweige niedriger als für die übrigen Gewerbetreibenden festgesetzt werden. Der von den nichtgewerbetreibenden Arbeitgebern (Abs. 2 b) zu zahlende Schulbeitrag beträgt für jeden von ihnen beschäftigten Arbeiter und Angestellten jährlich mindestens drei Reichsmark, darf aber den Betrag nicht überschreiten, der sich aus der Teilung des durch Schulbeiträge aufzubringenden Betrags der Unterhaltungskosten durch die Zahl der Arbeiter und Angestellten in der Gemeinde (dem Gemeindeverband) ergibt.

(6) Die Gemeinden (Gemeindeverbände) können eine andere als die im Abs. 4 für die Erhebung der Schulbeiträge vorgesehene Form durch Satzung bestimmen; dabei ist aber eine Mehrbelastung der Berufsschulpflichtige beschäftigenden Arbeitgeber nicht zulässig. Die Höhe der auf Grund der Satzung zu entrichtenden Schulbeiträge wird durch Beschluß der Gemeinde (des Gemeindeverbandes) festgesetzt. Die Satzung bedarf der Genehmigung des Bezirksausschusses.

(7) Vor der Beschlußfassung über die Höhe des Zuschlags zu den Grundbeträgen der Gewerbesteuer (Abs. 5), vor dem Erlasse der Satzung und vor der Beschlußfassung über die Höhe der Schulbeiträge auf Grund dieser (Abs. 6) sind die Industrie- und Handelskammer sowie die Handwerkskammer zu hören. Sie können die Abgabe des Gutachtens auf von ihnen bestimmte örtliche Vertretungen übertragen. Der Minister für Handel und Gewerbe kann rechtsverbindliche Bestimmungen darüber erlassen, welche Unterlagen den Industrie- und Handelskammern sowie den Handwerkskammern zu übermitteln sind, und die Frist festsetzen, innerhalb deren die Verhandlungen zwischen den Gemeinden (Gemeindeverbänden) und den Industrie- und Handelskammern sowie den Handwerkskammern zu führen sind.

(8) Die Schulbeiträge sind Abgaben im Sinne des Kommunalabgabengesetzes vom 15. Juli 1893 (GS. S. 152) und des Kreis- und Provinzialabgabengesetzes vom 23. April 1906 (GS. S. 159). Die Abwälzung der Schulbeiträge auf die Jugendlichen oder deren gesetzliche Vertreter ist unzulässig.

(9) Die Schulbeiträge der Gewerbetreibenden, die für ihre jugendlichen Arbeiter oder Angestellten oder für einen Teil von diesen eigene, von der Schulaufsichtsbehörde als Ersatz der Berufsschule anerkannte Schulen (Werkschulen) unterhalten, sind nach vom Minister für Handel und Gewerbe zu erlassenden Bestimmungen zu ermäßigen.

(10) Besucht ein Pflichtschüler eine Berufsschule außerhalb seines Arbeitsbezirkes, so hat die Arbeitsgemeinde (der Gemeindeverband, in dem die Arbeitsstätte liegt), falls Schulbeiträge erhoben werden, den auf den Pflichtschüler entfallenden Anteil an dem Gesamtbetrage der Schulbeiträge an die Gemeinde des Schulorts (den Gemeindeverband, in dem der Schulort liegt) abzuführen; die Gemeinde des Schulorts (der Gemeindeverband, in dem die Schule liegt) kann hierauf verzichten. Erhebt die Arbeitsgemeinde (der Gemeindeverband, in dem die Arbeitsstätte liegt) keine Schulbeiträge, so kann die Schulgemeinde (der Gemeindeverband, in dem die Schule liegt) von dem außerhalb ihres Bezirkes wohnenden Arbeitgeber einen dem Schulgeld (Abs. 11) entsprechenden Betrag als Schulbeitrag erheben.

(11) Von den Schülern, die den für die Pflichtschüler vorgesehenen Unterricht besuchen, ohne durch Satzung oder eine auf Grund der Reichsgewerbeordnung erlassene Bestimmung dazu verpflichtet zu sein, ist ein Schulgeld zu erheben, das, nach Wochenstunden berechnet, den auf einen Schüler entfallenden Durchschnittssatz der Schulbeiträge nicht übersteigen darf. Von auswärtigen Schülern kann ein höheres Schulgeld erhoben werden.

C. Staatszuschüsse.

§ 17.

(1) Zur Gewährung von Zuschüssen stellt der Staat durch den Staatshaushalt einen Betrag bereit, der nach der Zahl der Schulpflichtigen zu bemessen ist und mindestens zwanzig Reichsmark für jeden Schulpflichtigen beträgt.

(2) Von diesem Betrage können zehn vom Hundert zur Gewährung von Baukostenzuschüssen verwendet werden. Über die Verwendung des verbleibenden Betrags entscheidet der Minister für Handel und Gewerbe im Einvernehmen mit dem Finanzminister. Die Grundsätze für die Verwendung dieses Betrags werden von den beteiligten Ministern festgesetzt.

(3) Voraussetzung für die Gewährung von Staatszuschüssen ist, daß die Einrichtungen und Lehrpläne der Schulen den Bestimmungen des Ministers für Handel und Gewerbe entsprechen.

III. Anstellung und Versetzung der Lehrpersonen.

§ 18.

(1) Die Lehrpersonen werden von den Schulträgern für den Berufsschuldienst ihre Bezirke planmäßig auf Lebenszeit unter Ausfertigung einer Ernennungsurkunde angestellt.

(2) Sind an den Schulen eines Schulträgers vier oder mehr planmäßige Stellen vorhanden, so hat die Schulaufsichtsbehörde das Recht, für jede vierte zu besetzende Stelle die Lehrperson zu benennen, mit der sie besetzt werden soll. Diese Lehrperson ist von dem Schulträger spätestens zum nächsten Vierteljahrsersten anzustellen, nachdem ihm Gelegenheit gegeben ist, bestehende Bedenken geltend zu machen. Erklärt die Schulaufsichtsbehörde nicht innerhalb eines Monats, nachdem die Mitteilung des Schulträgers über das Freiwerden der Stelle bei ihr eingegangen ist, von ihrem Benennungsrechte Gebrauch zu machen, so steht dem Schulträger die Auswahl der anzustellenden Lehrperson unbeschadet der Bestätigung gemäß Abs. 4 frei.

(3) Planmäßig angestellte Lehrpersonen, die von einem anderen Schulträger berufen werden, erhalten die Umzugskosten erstattet, über deren Höhe der Minister für Handel und Gewerbe im Einvernehmen mit dem Finanzminister bestimmt.

(4) Die Anstellung der Lehrer und Lehrerinnen bedarf der Bestätigung der Schulaufsichtsbehörde, die der Leiter und Leiterinnen, der Stellvertreter und Stellvertreterinnen und der Fachvorsteher und Fachvorsteherinnen der des Ministers für Handel und Gewerbe.

(5) Für das Disziplinarverfahren und die Zurruhesetzung ohne Zustimmung der Lehrperson finden die für die unmittelbaren Staatsbeamten geltenden Bestimmungen Anwendung.

§ 19.

(1) Der Minister für Handel und Gewerbe kann Lehrpersonen aus dienstlichen Gründen im Einvernehmen mit dem bisherigen Schulträger versetzen.

(2) Bei solchen Versetzungen in einen anderen Ort wird eine Vergütung für Umzugskosten gewährt, über deren Höhe der Minister für Handel und Gewerbe im Einvernehmen mit dem Finanzminister bestimmt.

(3) Wird die Versetzung vom Schulträger veranlaßt, so hat dieser die Kosten des Umzugs allein zu tragen. In allen anderen Fällen tragen der Staat und der die Lehrperson abgebende Schulträger je die Hälfte. Der Staat leistet seinen Beitrag aus den für Zuschüsse (§ 17) bereitgestellten Mitteln.

IV. Übergangs- und Schlußbestimmungen.

§ 20.

(1) Die bei Inkrafttreten dieses Gesetzes im Amte befindlichen hauptamtlichen, planmäßig angestellten Lehrpersonen mit den Bezügen der alten Besoldungsgruppen 2, 3 und 4 sowie der alten Besoldungsgruppe A 8 der Besoldungsordnung für die planmäßigen unmittelbaren Staatsbeamten erhalten ihr um vier Jahre

verbessertes Besoldungsdienstalter, Lehrpersonen mit den Bezügen der alten Besoldungsgruppe A 7 ihr bisheriges Besoldungsdienstalter, im günstigsten Falle ein solches von vierzehn Jahren.

(2) Waren die bisherigen Dienstbezüge einer Lehrperson nach dem Stande vom 30. September 1927 höher als die ihr auf Grund dieses Gesetzes zustehenden, so ist der Unterschiedsbetrag als ruhegehaltsfähiger Zuschuß bis zu dem Zeitpunkte weiter zu gewähren, an dem der Unterschied durch Steigen der neuen Dienstbezüge ausgeglichen wird. Hierbei bleiben außer Rechnung:

a) neu zu gewährende Kinderbeihilfen;
b) Erhöhungen des Wohnungsgeldzuschusses insoweit, wie sie lediglich infolge der Hinaufsetzung eines Ortes in eine höhere Ortsklasse oder der Versetzung an einen Ort einer höheren Ortsklasse eintreten.

(3) Leiter und Leiterinnen, die nach § 1 Abs. 5 des Gewerbe- und Handelslehrerdiensteinkommensgesetzes in der Fassung der Bekanntmachung vom 17. Oktober 1922 (GS. S. 319) in die alte Besoldungsgruppe 3 eingereiht sind, erhalten die Bezüge der neuen Besoldungsgruppe 2. Leiter und Leiterinnen von Schulen, die nach § 1 Abs. 6 a. a. O. als besonders große Schulsysteme anerkannt worden sind, erhalten die Bezüge der neuen Besoldungsgruppe 1.

(4) Die am 30. September 1927 im Amte gewesenen Leiter und Leiterinnen mit den Bezügen der alten Besoldungsgruppe 4 erhalten den Wohnungsgeldzuschuß nach der Tarifklasse III.

(5) Das Anwärterdienstalter der zur Zeit des Inkrafttretens dieses Gesetzes im Amte befindlichen nicht planmäßigen, vollbeschäftigten Lehrpersonen wird um zwei Jahre verbessert. Ihnen wird bei der ersten planmäßigen Anstellung die Zeit in nichtplanmäßiger Amtstätigkeit im Berufsschuldienste zwischen dem Beginne des Anwärterdienstalters und der ersten planmäßigen Anstellung auf das Besoldungsdienstalter angerechnet, soweit sie sieben Jahre übersteigt. Im übrigen rücken sie wie die hauptamtlichen, planmäßig angestellten Lehrpersonen weiter im Grundgehalt auf; hierbei bleibt die in Satz 1 erfolgte Verbesserung des Anwärterdienstalters außer Betracht. Daneben erhalten diese nichtplanmäßigen, vollbeschäftigten Lehrpersonen den ihrer Vergütungsstufe entsprechenden Wohnungsgeldzuschuß.

§ 21.

(1) Änderungen der durch dieses Gesetz geregelten Dienstbezüge sowie der Ruhegehälter, Wartegelder und Hinterbliebenenbezüge, ebenso Änderungen der Einreihung der Lehrpersonen in die Besoldungsgruppen können durch Gesetz erfolgen.

(2) Werden Lehrer oder Versorgungsberechtigte durch eine solche Änderung hinsichtlich der im Abs. 1 genannten Bezüge oder hinsichtlich ihrer Einreihung in die Besoldungsgruppen mit rückwirkender Kraft schlechter gestellt, so sind die Unterschiedsbeträge nicht zu erstatten.

(3) In allen übrigen Fällen sind zuviel erhobene Dienstbezüge, Ruhegehälter, Wartegelder und Hinterbliebenenbezüge, auch soweit eine Bereicherung nicht mehr vorliegt, zurückzuzahlen.

§ 22.

Alle den Vorschriften dieses Gesetzes entgegenstehenden Bestimmungen werden aufgehoben.

§ 23.

(1) Dieses Gesetz tritt, § 16 ausgenommen, mit Wirkung vom 1. Oktober 1927 an, § 16 am 1. April 1928 in Kraft.

(2) Mit der Ausführung des Gesetzes werden der Minister für Handel und Gewerbe und der Finanzminister beauftragt. Sie sind ermächtigt, in Ausnahmefällen eine von den vorstehenden Gesetzesbestimmungen abweichende Regelung zuzulassen, sofern die besondere Lage der Verhältnisse es geboten erscheinen läßt.

(3) Die Ausführungsbestimmungen sind dem Landtage vorzulegen.

Das vorstehende, vom Landtage beschlossene Gesetz wird hiermit verkündet. Die verfassungsmäßigen Rechte des Staatsrats sind gewahrt.

Berlin, den 16. April 1928.

Das Preußische Staatsministerium.

Braun. Höpker Aschoff. Schreiber.

Runderlaß

des Finanzministers vom 19. 5. 1928 betr. die Ausführungsbestimmungen zum Preußischen Besoldungsgesetz vom 17. 12. 1927

(Preußische Besoldungsvorschriften —PBV.—)

Bes. 5901 b.

I. Allgemeines.

(1) Die auf Grund des Runderlasses vom 10. 12. 1927 — Bes. 15204 b — (PrBesBl. S. 159) sowie der dazu ergangenen Ergänzungserlasse und Einzelanweisungen der Fachminister erfolgte vorläufige Umrechnung der Dienstbezüge der planmäßigen und nichtplanmäßigen Beamten ist an der Hand der in der Anlage abgedruckten Preußischen Besoldungsvorschriften vom 30. 3. 1928 und unter Beachtung der nachstehenden Bestimmungen un-

unverzüglich nachzuprüfen. Mit den noch erforderlichen Umrechnungen, insbesondere des Besoldungsdienstalters und des Anwärterdienstalters, ist sofort zu beginnen.

(2) Ein großer Teil der BDA.-Bestimmungen der PBV. vom 15. 7. 1925 (PrBesBl. S. 227) ist zur Verringerung des Umfanges in die neuen Vorschriften nicht wieder aufgenommen worden. Es handelt sich dabei in der Hauptsache um Sonderbestimmungen, die nur für Beamte bestimmter Verwaltungen in Frage kommen (z. B. Ziff. 74, 75, 75a, 76, 77, 78, 79 usw.) und deren Anwendung künftig ohne Mitbeteiligung des Finanzministers der selbständigen Entscheidung der Fachminister unterliegt. Diese Bestimmungen sind daher sachlich nicht außer Kraft gesetzt, sie werden vielmehr erforderlichenfalls von den zuständigen Fachministern im Wege des Runderlasses unter Anpassung an das PrBesG. neu bekanntgegeben werden. Auch alle im Verwaltungswege bisher getroffenen Sonderregelungen bleiben sachlich in Geltung, sofern ihrer Anwendung nicht Bestimmungen des Pr.-BesG. und dieser PBV. entgegenstehen. Allgemein ist daher in Zweifelsfällen, in denen die Anwendung einer in diesen PBV. nicht enthaltenen bisher geltenden Bestimmung dieser Art in Frage kommt, zunächst der zuständige Fachminister um Entscheidung anzugehen.

II. Gnadenvierteljahr.

Zu Nr. 3 (1) PBV.

Sofern für die zurückliegende Zeit entgegen der in Nr. 3 (1) getroffenen Regelung über die Zahlung der Gnadenvierteljahrsbezüge nach den bisherigen Bestimmungen verfahren ist, behält es dabei sein Bewenden.

III. Beförderung von Gruppe A 3 a nach A 2 d.

Zu § 3 Abs. 5 PrBesG.

Beim Übertritt aus der Besoldungsgruppe A 3 a in die Besoldungsgruppe A 2 d wird das BDA. nicht geändert.

IV. Sonderprüfung.

Zu Nr. 28 PBV.

Nr. 28 gilt auch für Beamte, die nach den bestehenden Bestimmungen bei Erfüllung der sonstigen Voraussetzungen auf Grund besonderer Anweisung des Fachministers ohne Ablegung einer Sonderprüfung von BesGr. A 6 in BesGr. A 4 d aufsteigen können (z. B. Regierungsbausekretäre, Obergerichtsvollzieher).

V. Wohnungsgeldzuschuß.

Zu Nr. 46 PBV.

Wegen des Reichsgesetzes zur einheitlichen Regelung des Wohnungsgeldzuschusses wird auf den Runderlaß vom 10. 4. 1926 — Bes. 5069 b — (PrBesBl. S. 45) hingewiesen.

Zu Nr. 54 PBV.

Die Anwendung der Nr. 54 setzt voraus, daß der bisherige Wohnort des Beamten innerhalb des deutschen Reichsgebiets liegt und einer Ortsklasse zugeteilt ist. Z. B. ist für Beamte aus den abgetretenen Gebieten, die ihren Hausstand noch nicht in das Reichsgebiet verlegt haben, der regelmäßige dienstliche Wohnsitz (Nr. 53 PBV.) maßgebend.

VI. Kinderbeihilfen.

Zu Nr. 62 PBV.

Soweit im PrBesG. und in diesen PBV. nicht abweichende Bestimmungen getroffen sind, ist auch künftig nach den in den bisherigen Vorschriften (z. B. in Ziff. 113 c PBV. vom 15. 7. 1925) niedergelegten Richtlinien, die als Erfahrungsgrundsätze zu gelten haben, zu verfahren.

Zu Nr. 63 (2) PBV.

Werden für Kinder Kinderbeihilfen oder Kinderzulagen nach einer dem § 11 des PrBesG. oder den Richtlinien über die Gewährung von Kinderzulagen (PrBesBl. 1928 S. 193) entsprechenden Vorschrift aus Mitteln des Reiches, eines Landes, einer Gemeinde oder einer sonstigen Körperschaft des öffentlichen Rechts gezahlt, so bleiben diese Kinder bei der Feststellung der Zahl und der Reihenfolge der kinderbeihilfefähigen Kinder im Sinne des § 11 Abs. 2 Satz 2 PrBesG. und der Nr. 63 Abs. 2 PBV. außer Betracht.

Zu Nr. 72 PBV.

Die Zahlung der Kinderbeihilfe für uneheliche Kinder an einen Beamten als Erzeuger ist in jedem Falle bereits mit Ablauf des Monats einzustellen, mit dem die Gewährung des vollen Unterhalts seitens des Beamten (vgl. Nr. 65 Abs. 5 PBV.) aufhört.

Zu Nr. 74 (3) PBV.

In Ausnahmefällen kann für die Übergangszeit, sofern die besondere Lage der Verhältnisse es geboten erscheinen läßt, der Finanzminister eine abweichende Regelung zulassen.

VII. Übergangsvorschriften.

Zu § 31 PrBesG.

Einweisung der am 30. 9. 1927 im Amte gewesenen Beamten der alten Besoldungsgruppe A 6 in die Bezüge der Besoldungsgruppe A 4 c.

Bei der Einweisung bzw. bei der Festsetzung des BDA. der am 30. 9. 1927 im Amte gewesenen Beamten der alten Besoldungsgruppe A 6, die nach der Fußnote 5 zur neuen Besoldungsgruppe A 6 für ihre Person die Bezüge der Besoldungsgruppe A 4 c erhalten, ist zu unterstellen, daß diese Beamten zunächst in die alte Besoldungsgruppe A 7 überführt worden sind. Das sich danach gemäß Ziff. 37 PBV. v. 15. 7. 1925 ergebende BDA. in der alten Besoldungsgruppe A 7 ist für die Einweisung dieser Beamten in die Bezüge der neuen Besoldungsgruppe A 4 c maßgebend. Diese Regelung ist erforderlich, um die Beamten der alten Besoldungsgruppe A 7, die in die neue Besoldungsgruppe A 4 c eingestuft sind, nicht schlechter zu stellen, als die Beamten der alten Besoldungsgruppe A 6, die nach der Fußnote 5 zur neuen Besoldungsgruppe A 6 für ihre Person die Bezüge der Besoldungsgruppe A 4 c erhalten.

Zu Nr. 109 PBV.

Besoldungsdienstalter der am 30. 9. 1927 im Amte oder im Dienste befindlichen oder vorgemerkten Versorgungsanwärter.

Zu Nr. 109 wird noch darauf hingewiesen, daß die im § 32 des PrBesG. vom 17. 12. 1927 getroffene Übergangsregelung zugunsten der am 30. 9. 1927 im Amte oder im Dienste befindlichen oder vorgemerkten Versorgungsanwärter — im Gegensatz zu § 3 Abs. 3 b des PrBesG., nach dem auch die nachfolgende Zivildienstzeit unter bestimmten Voraussetzungen auf das BDA. anzurechnen ist — ausdrücklich nur von der Dienstzeit im Heere, in der Marine, in der Schutzpolizei oder beim Reichswasserschutz spricht. Hiernach muß die nach Nr. 22 Abs. 4 PBV. dem Dienste in der Schutzpolizei usw. gleichstehende Dienstzeit im Vollzugsdienst bei einem anderen Teile der Polizei oder in der Landjägerei (Gendarmerie) oder einer anderen Körperschaft, in der der Zivilversorgungsschein, der Zivildienstschein oder der Polizeiversorgungsschein erdient werden konnte oder erdient worden ist, bei der Anwendung des § 32 PrBesG. außer Betracht bleiben.

Zu Nr. 110 PBV.

Überleitung der am 30. 9. 1927 als unmittelbare Anwärter auf Stellen für den einfacheren Büro- und Kassendienst (Sekretärlaufbahn) in der alten Besoldungsgruppe A 6 vorhandenen nichtplanmäßigen Beamten.

Denjenigen am 30. 9. 1927 als unmittelbare Anwärter auf Stellen der alten Besoldungsgruppe A 6 im Dienste befindlichen nichtplanmäßigen Beamten, die bei ihrer planmäßigen Anstellung auf Grund der Fußnote 4 zur neuen Besoldungsgruppe A 6 ein um 4 Jahre verbessertes BDA. erhalten, ist auch das AnwDA. um 4 Jahre zu verbessern. Die Bestimmung im § 33 PrBesG. wird hierdurch nicht berührt, mit der Maßgabe, daß ihnen bei der ersten planmäßigen Anstellung (§ 3 Abs. 2 PrBesG.) die zwischen dem Beginn des AnwDA. und der ersten planmäßigen Anstellung liegende Zeit auf das BDA. angerechnet wird, soweit sie 11 Jahre, bei Versorgungsanwärtern 10 Jahre, übersteigt.

Außerdem ist das BDA. auf Grund der Fußnote 4 zur Besoldungsgruppe A 6 um 4 Jahre zu verbessern.

Beispiel:

Ein am 30. 9. 1927 im Dienste befindlicher Katasterdiätar (Zivilanwärter) mit einem AnwDA. vom 1. 4. 1922 in der alten Besoldungsgruppe A 6 erhält bei seiner Überleitung in die neue Besoldungsgruppe A 6 ein AnwDA. vom 1. 4. 1922 — 6 Jahre (2 Jahre nach § 33 PrBesG. + 4 Jahre = 1. 4. 1916.

Er erhält somit ab 1. 10. 1927 eine Grundvergütung in Höhe der 3. Dienstaltersstufe, d. s. 2350 *RM*. Dieser Beamte ist zum 1. 4. 1928 in der Besoldungsgruppe A 6 planmäßig aufgestellt worden. Sein BDA. ist nach obiger Bestimmung zunächst auf den 1. 4. 1916 + 11 = 1. 4. 1927 festzusetzen. Da er aber außerdem die vierjährige Vorrückung des BDA. auf Grund der Fußnote 4 zur Besoldungsgruppe A 6 zu erhalten hat, ist sein BDA. in der Besoldungsgruppe A 6 endgültig auf den 1. 4. 1927 — 4 = 1. 4. 1923 festzusetzen.

VIII. Inausgabebelassung.

Soweit nach endgültiger Umrechnung der Bezüge bei einzelnen Beamten die auf Grund des Runderlasses vom 24. 9. 1927 — Bes. 12 192 b — (PrBesBl. S. 127) und der dazu ergangenen Einzelanweisungen der Fachminister in der zuständigen Höhe gezahlten Vorschüsse den Betrag der seit dem 1. 10. 1927 zuständigen Nachzahlung übersteigen, sind die überhobenen Beträge in Ausgabe zu belassen.

Ausführungsbestimmungen zum Preußischen Besoldungsgesetz v. 17. 12. 1927 — GS. S. 223 —

(Preuß. Besoldungsvorschriften — PBV. —).

Vorbemerkungen.

Wird in diesen Besoldungsvorschriften (PBV.) auf einen Paragraphen oder eine Nummer (Nr.) ohne nähere Angabe Bezug genommen, so sind die Paragraphen des Preußischen Besoldungsgesetzes (PrBesG.) oder die Nummern der PBV. gemeint.

I. Planmäßige Beamte.

1. Allgemeine Vorschriften.

§ 1.

(1) Die planmäßig angestellten unmittelbaren Staatsbeamten erhalten ein Grundgehalt und einen Wohnungsgeldzuschuß. Daneben erhalten sie, soweit es in diesem Gesetze bestimmt oder zuge-

lassen ist, Kinderbeihilfen, Zulagen, Aufwandentschädigungen, Sondervergütungen und Nebenbezüge.

(2) Als Diensteinkommen im Sinne dieses Gesetzes gelten die gesamten auf Grund dieses Gesetzes gewährten Dienstbezüge mit Ausnahme der Kinderbeihilfen und solcher Bezüge, die zur Bestreitung eines dienstlichen Aufwandes gewährt werden.

(3) Beamte, die gleichzeitig mehrere in der Besoldungsordnung vorgesehene Stellen hauptamtlich bekleiden, erhalten das Diensteinkommen derjenigen Stelle, für die das höhere Grundgehalt vorgesehen ist.

Zu § 1.

Nr. 1. Beamte, die ihren dienstlichen Wohnsitz nicht im Deutschen Reiche haben, erhalten neben dem Grundgehalt, den Kinderbeihilfen sowie den im Gesetz vorgesehenen Zulagen, Aufwandentschädigungen, Sondervergütungen und Nebenbezügen eine Auslandzulage, die der Finanzminister im Einvernehmen mit den beteiligten Fachministern festsetzt.

Nr. 2. Beamte des Reichs, eines Landes, einer Gemeinde oder einer sonstigen Körperschaft des öffentlichen Rechts, die im preußischen Staatsdienst kommissarisch beschäftigt werden, erhalten die ihnen nach den Besoldungsbestimmungen des Reichs usw. zustehenden Dienstbezüge.

Nr. 3. (1) Die Gnadenvierteljahresbezüge — vgl. Gesetz v. 7. 3. 1908 (GS. S. 35) — sind als eine Weiterzahlung des für den Verstorbenen am Todestage zuständigen (oder des etwa rückwirkend zuständig werdenden) Diensteinkommens an Grundgehalt*), Wohnungsgeldzuschuß, Kinderbeihilfen und ruhegehaltsfähigen Zulagen*) anzusehen. Bei ihrer Bemessung sind Erhöhungen dieser Bezüge, die sich für die auf den Sterbemonat folgenden drei Monate (Gnadenvierteljahr) ergeben, nicht zu berücksichtigen (vgl. jedoch Nr. 64, betr. Kinderbeihilfe).

(2) Sind vor dem Ableben des Beamten fällig gewordene Gehaltsbezüge nicht rechtzeitig angewiesen, so ist der Mehrbetrag den Erben nachzuzahlen. Eine hiernach sich ergebende Änderung der am Todestage des Verstorbenen zuständigen Bezüge ist auch bei der Bemessung der Gnadenvierteljahresbezüge zu berücksichtigen.

(3) Eine nachträgliche Kürzung der Gesamtsumme der Gnadenbezüge findet nicht statt.

2. Grundgehalt.

§ 2.

(1) Das Grundgehalt wird den planmäßigen Beamten nach der beigefügten Besoldungsordnung (Anlage 1)) gewährt. Es steigt, soweit es nicht ein festes Gehalt ist, nach Dienstaltersstufen**

---

*) gegebenenfalls auch an örtlichen Sonderzuschlägen und Besatzungszulagen.

**) Hier nicht abgedruckt. (Vgl. Band I S. 80 ff.)

von zwei zu zwei Jahren bis zur Erreichung des Endgrundgehalts. Die Dienstalterszulagen werden vom Ersten des Kalendermonats an gezahlt, in den der Eintritt in die neue Dienstaltersstufe fällt.

(2) Auf das Aufrücken im Grundgehalte haben die planmäßigen Beamten einen Rechtsanspruch. Der Anspruch ruht, solange ein förmliches Disziplinarverfahren oder wegen eines Verbrechens oder eines Vergehens ein Hauptverfahren oder eine Voruntersuchung schwebt. Führt ein strafgerichtliches Verfahren zur Verurteilung wegen eines Verbrechens oder Vergehens und wird binnen eines Monats nach Abschluß des strafgerichtlichen Verfahrens wegen der nämlichen Tatsachen ein förmliches Disziplinarverfahren eingeleitet, so ruht der Anspruch auch während der Zwischenzeit. Führt das Verfahren zum Verluste des Amtes, so erlischt der Anspruch auch für die Zeit des Ruhens.

(3) Professoren bei den wissenschaftlichen Hochschulen, die mit ihrem Einverständnis oder kraft Gesetzes von ihren amtlichen Verpflichtungen entbunden sind oder bei denen nach Entscheidung des zuständigen Ministers die Voraussetzungen vorliegen, unter denen nichtrichterliche Beamte in den Ruhestand versetzt werden können, haben keinen Anspruch auf weiteres Aufrücken im Grundgehalt.

Zu § 2 Abs. 1.

Nr. 4. Eine Zusammenstellung der Grundgehaltssätze nach Jahres- und Monatsbeträgen enthält die Übersicht 1.

Nr. 5. Die Zahlung des Grundgehalts beginnt mit dem Zeitpunkte der planmäßigen Anstellung (vgl. § 3 Abs. 1 Satz 3).

§ 3.

(1) Das Besoldungsdienstalter der planmäßigen Beamten mit aufsteigenden Gehältern beginnt mit dem Ersten des Monats, in dem der Beamte erstmalig planmäßig angestellt wird, soweit in diesem Gesetz oder in den Ausführungsbestimmungen dazu nichts Abweichendes bestimmt oder zugelassen ist. Von diesem Zeitpunkt an sind die Zeitabschnitte für das Verbleiben im Anfangsgrundgehalt und für das Aufsteigen in die höheren Grundgehaltsstufen zu rechnen. Als Zeitpunkt der planmäßigen Anstellung gilt der Tag, von dem an dem Beamten eine planmäßige Stelle dauernd — sei es unwiderruflich, sei es widerruflich oder auf Kündigung — mit dem damit verbundenen Diensteinkommen verliehen worden ist. Durch den Staatshaushalt neugeschaffene Stellen können, auch wenn die Besetzung später ausgesprochen wird, bereits mit Wirkung vom Beginne des Rechnungsjahrs an verliehen werden, sofern der Beamte die Geschäfte der neugeschaffenen oder einer anderen gleichartigen Stelle bereits von diesem Zeitpunkt an versehen hat. Das Besoldungsdienstalter der Polizeivollzugsbeamten wird vom Minister des Innern im Einvernehmen mit

dem Finanzminister geregelt; die Bestimmungen hierüber sind dem Landtag vorzulegen.

(2) Bei der Festsetzung des Besoldungsdienstalters ist von der Zeit zwischen dem Beginne des Anwärterdienstalters und der ersten planmäßigen Anstellung, falls diese in derselben Dienstlaufbahn erfolgt, der Teil auf das Besoldungsdienstalter anzurechnen, der fünf Jahre, bei Versorgungsanwärtern vier Jahre übersteigt.

(3) Den Versorgungsanwärtern wird bei der ersten planmäßigen Anstellung, wenn sie im Heere, in der Marine, in der Schutzpolizei oder beim Reichswasserschutz

a) acht Jahre oder weniger gedient haben, die tatsächlich abgeleistete Dienstzeit bis zu einem Jahre,
b) über acht Jahre gedient haben, außerdem die nachfolgende Dienstzeit im Heere, in der Marine, in der Schutzpolizei oder beim Reichswasserschutz und die nachfolgende Zivildienstzeit mit höchstens weiteren fünf Jahren auf das Besoldungsdienstalter angerechnet.

Außerdem wird nach Abs. 2 die vier Jahre übersteigende Anwärterdienstzeit angerechnet, soweit nicht schon eine Anrechnung nach b erfolgt ist.

(4) Treten Versorgungsanwärter in eine andere Laufbahn über, so wird ihr Besoldungsdienstalter in der neuen Besoldungsgruppe nach Abs. 3 festgesetzt, wenn nicht die Anwendung der Abs. 5 und 6 günstiger wirkt. Die vor dem vollendeten 17. Lebensjahre liegende Heeres- oder Marinedienstzeit bleibt außer Betracht, soweit es sich nicht um eine tatsächlich geleistete Kriegsdienstzeit handelt.

(5) Der Beamte erhält beim Übertritt aus einer Besoldungsgruppe in eine andere mit gleichem oder höherem Endgrundgehalt in der neuen Besoldungsgruppe stets den gegenüber seinem bisherigen Grundgehaltssatze nächsthöheren Satz, soweit in diesem Gesetz oder in den Ausführungsbestimmungen dazu nichts Abweichendes bestimmt oder zugelassen ist. Diesen nächsthöheren Grundgehaltssatz bezieht er zwei Jahre lang. Wäre er jedoch in der früheren Besoldungsgruppe bereits vor Ablauf dieser Zeit in die nächsthöhere Dienstaltersstufe aufgestiegen und damit zu einem Grundgehaltssatze gelangt, der über den ihm in der neuen Besoldungsgruppe gewährten hinausgeht oder ihm gleichkommt, so steigt er auch in der neuen Besoldungsgruppe zu derselben Zeit in die folgende Dienstaltersstufe. Hierbei sind die ruhegehaltsfähigen und unwiderruflichen Stellenzulagen, die der Beamte in der bisherigen Besoldungsgruppe bezogen hat oder in der neuen Besoldungsgruppe beziehen wird, dem Grundgehaltssatze hinzuzurechnen. Bei Verleihung einer Stellenzulage ohne Wechsel der Besoldungsgruppe wird das Besoldungsdienstalter nicht geändert. Beim Übertritt aus einer Stelle der Besoldungsgruppe A 2b ohne die ruhegehaltsfähige und unwiderrufliche Stellenzulage von 1200 Reichsmark in eine Stelle der Besoldungsgruppe A 1

wird das Besoldungsdienstalter so festgesetzt, wie wenn dem Beamten zunächst diese Stellenzulage verliehen worden wäre. Beim Übertritt aus einer Stelle der Besoldungsgruppe A 4 b ohne die ruhegehaltsfähige und unwiderrufliche Stellenzulage von 700 Reichsmark in eine Stelle der Besoldungsgruppe A 3 c oder einer höheren Besoldungsgruppe wird das Besoldungsdienstalter so festgesetzt, wie wenn dem Beamten zunächst diese Stellenzulage verliehen worden wäre. Beim Übertritt aus der Besoldungsgruppe A 3 b in die Besoldungsgruppe A 2 c wird das Besoldungsdienstalter nicht geändert. Tritt ein Beamter in eine Besoldungsgruppe mit niedrigerem Endgrundgehalt über, so wird das neue Besoldungsdienstalter von dem zuständigen Minister in Gemeinschaft mit dem Finanzminister festgesetzt.

Die Bestimmungen in den Sätzen 1 bis 4 und im letzten Satze des vorstehenden Absatzes gelten sinngemäß beim Übertritt aus einer Untergruppe in eine andere Untergruppe.

(6) Beim Übertritt aus der Besoldungsgruppe A 7 b in die Besoldungsgruppe A 6 wird das Besoldungsdienstalter um höchstens 4 Jahre gekürzt. Beim Übertritt aus der Besoldungsgruppe A 8 in die Besoldungsgruppe A 6 wird das Besoldungsdienstalter nicht gekürzt.

(7) Ist ein Beamter aus einer planmäßigen Stelle im Staatsdienste freiwillig ausgeschieden oder ist sein früheres Beamtenverhältnis durch Dienstentlassung gelöst worden, so wird im Falle seiner Wiederanstellung bei der Festsetzung des Besoldungsdienstalters und des Diensteinkommens der neuen Stelle auf das frühere Besoldungsdienstalter und das frühere Diensteinkommen in der Regel keine Rücksicht genommen. Beamte, die ihre Stelle freiwillig aufgeben, sind hierauf ausdrücklich hinzuweisen. Beamten, die wegen mangelhafter Dienstfähigkeit in den Ruhestand versetzt worden sind, muß im Falle ihrer späteren Wiederanstellung die frühere Dienstzeit auf das Besoldungsdienstalter angerechnet werden.

(8) Wieweit sonst in einzelnen Fällen die Dienstzeit in einem anderen Zweige des Staatsdienstes, die Zeit im Dienste des Reichs, der Länder, im Gemeinde-, Kirchen- oder Schuldienst, die Tätigkeit eines Offiziers oder Deckoffiziers oder die Zeit praktischer Beschäftigung außerhalb des Staatsbeamtenverhältnisses zur Vermeidung von Härten auf das Besoldungsdienstalter angerechnet werden kann, wird durch die zuständigen Minister in Gemeinschaft mit dem Finanzminister geregelt.

(9) Bei der Anstellung im Amte eines Richters oder Staatsanwalts steht die Dienstzeit, die im Justizdienste bei einem für preußische Gebietsteile und für Gebiete anderer Länder gebildeten gemeinschaftlichen Gericht oder bei der Staatsanwaltschaft eines solchen zurückgelegt ist, einer in der entsprechenden Stellung bei einer preußischen Justizbehörde zurückgelegten Dienstzeit gleich.

(10) Das Besoldungsdienstalter der auf Grund des Beamten-

scheins angestellten schwerkriegsbeschädigten Beamten ist angemessen zu verbessern. Eine entsprechende Verbesserung kann auch anderen schwerkriegsbeschädigten Beamten gewährt werden. Das Nähere regeln die Ausführungsbestimmungen.

Zu § 3 im allgemeinen.

Nr. 6. (1) Der Tag, auf den das Besoldungsdienstalter (BDA.) eines planmäßigen Beamten festgesetzt wird, bezeichnet den Zeitpunkt, welcher der Berechnung der dem Beamten in seiner Besoldungsgruppe zukommenden Dienstaltersstufe zugrunde gelegt wird.

(2) Das BDA. kommt — soweit nicht etwas anderes bestimmt ist — nur für die Regelung der Dienstbezüge in Betracht und hat auf die sonstigen Verhältnisse des Beamten, insbesondere auf die Festsetzung des allgemeinen Dienstalters, auf die Berechnung der Dienstzeit bei Versetzung in den Ruhestand, auf die Reihenfolge der Beförderung usw. keinen Einfluß.

Nr. 7. Ist eine Zeit auf das BDA. anzurechnen, so wird dessen Beginn entsprechend vorgerückt, also auf einen früheren Tag festgesetzt. Ist eine nach dem Beginn des BDA. zurückgelegte Zeit von der Anrechnung auf das BDA. ausgeschlossen, so wird dessen Beginn auf den entsprechenden späteren Tag festgesetzt.

Nr. 8. Bei Anrechnung von Dienstzeiten auf das BDA. sind zunächst die vollen Jahre und vollen Monate zu berücksichtigen. Überschießende Tage sind auf einen Monat aufzurunden. Bei Anrechnung getrennter Zeiten sind diese zunächst nach Jahren, Monaten und Tagen festzustellen und zusammenzuzählen. Von der Summe der Tage sind je 30 Tage als ein Monat zu rechnen. Überschießende Tage sind wie oben auf einen Monat aufzurunden. Hat bereits eine Anrechnung stattgefunden, so sind etwa weiter anzurechnende Zeiten der bisherigen anrechnungsfähigen nichtaufgerundeten Zeit hinzuzurechnen. Dabei sind Besoldungsdienstalter, die bei Bekanntmachung dieser PBV. nach der bisherigen Berechnungsart festgesetzt sind, nicht umzurechnen.

Beispiel: Anstellungstag 1. 7. 1926.

Es sind folgende Zeiten anzurechnen:

1. 4. 1923—15. 10. 1923	=	6 Monate 15 Tage
12. 11. 1923—29. 2. 1924	=	3 Monate 18 Tage
13. 3. 1925—10. 1. 1926	=	9 Monate 29 Tage
		18 Monate 62 Tage.

Es würden also anzurechnen sein 20 Monate 2 Tage = rd. 21 Monate, so daß das BDA. auf den 1. 10. 1924 festzusetzen wäre.

Nr. 9. Jede Festsetzung des BDA. ist durch das zuständige Rechnungsamt (Rechnungsprüfungsstelle) oder einen dazu bestimmten Beamten alsbald nicht nur rechnerisch, sondern auch auf die Beachtung der für die Berechnung maßgebenden Vorschriften nachzuprüfen, soweit die Festsetzung nicht durch die oberste Verwaltungsbehörde erfolgt.

Nr. 10. Hat sich die Verleihung einer planmäßigen Stelle infolge eines Versehens der Verwaltung verzögert und sind dadurch Härten entstanden, so verfügt der Fachminister oder die von ihm bestimmte Stelle die entsprechende Vorrückung des BDA.

Nr. 11. Das BDA. der Beamten, die mit Wirkung vom 1. 10. 1927 ab eine Stelle erhalten haben, die nach dem neuen PrBesG. einer anderen BesGr. angehört als ihre bisherige Stelle, ist so festzusetzen, als ob sie am 1. 10. 1927 in die ihrer bisherigen Besoldungsgruppe entsprechende Besoldungsgruppe des neuen PrBesG. übergetreten und an demselben Tage in die andere Gruppe dieses Gesetzes überführt worden sind.

Nr. 12. Festsetzungen des BDA., die auf Grund von nach dem 30. 9. 1927 wirksam gewordenen Ernennungen (Anstellungen, Beförderungen usw.) nach alten Vorschriften bereits vorgenommen worden sind, sind nach den Vorschriften des neuen PrBesG. und dieser PBV. abzuändern.

Zu § 3 Abs. 1.

Nr. 13. Bei Anstellung auf Probe gilt als Tag der planmäßigen Anstellung der erste Tag des Monats, in dem der Beamte in seiner Planstelle bestätigt wird.

Nr. 14. (1) Eine durch den Staatshaushalt neu geschaffene Stelle kann mit Rückwirkung bis zu dem Tage, von dem an die Stelle neu geschaffen worden ist, eine andere freie Stelle mit Rückwirkung von höchstens drei Monaten verliehen werden, wenn der betreffende Beamte die für die Verleihung der Stelle erforderlichen Voraussetzungen erfüllt hat, und solange die Obliegenheiten der ihm übertragenen oder einer gleichartigen Stelle tatsächlich wahrgenommen hat.

(2) Auch ohne diese Voraussetzung kann eine freie Stelle mit Wirkung vom ersten oder einem anderen Tage des Kalendermonats an verliehen werden, in dem die Verleihung verfügt wird.

(3) Durch die Verleihung einer Stelle mit rückwirkender Kraft werden dem Beamten die Dienstbezüge der Stelle, nicht aber die Eigenschaft eines Beamten dieser Gruppe rückwirkend zuerkannt. Die Verleihung hat z. B. nicht die Bedeutung, daß die nach der Dienststellung abgestuften Tagegelder, Wohnungsbeihilfen und ähnliche Bezüge nachträglich anders festzusetzen wären.

Zu § 3 Abs. 2.

Nr. 15. Der Begriff „in derselben Dienstlaufbahn" ist dahin auszulegen, daß lediglich die gleiche Beschäftigungsart (Amtsgehilfen-, Kanzlei-, einfacherer Büro- und Kassendienst, schwieriger

Büro- und Kassendienst usw.), dagegen nicht die Beschäftigung im gleichen Verwaltungszweige, in dem die spätere Anstellung tatsächlich erfolgt, erforderlich ist.

Nr. 16. (1) Eine Anrechnung der nichtplanmäßigen Dienstzeit auf das BDA. ist insoweit ausgeschlossen, als sich die planmäßige Anstellung auf eigenen Wunsch des Beamten, wegen unzureichender Befähigung oder aus einem sonstigen in der Person des Beamten liegenden Grund — ausgenommen Krankheit — verzögert hat.

(2) Hat sich die erste planmäßige Anstellung nach bestandener Prüfung wegen unzureichender Befähigung oder mangelhafter Führung des Beamten verzögert, so kann nach einer Bewährungsfrist von mindestens zwei Jahren — gerechnet vom Tage der planmäßigen Anstellung ab — das BDA. so festgesetzt werden, als ob die planmäßige Anstellung rechtzeitig erfolgt wäre. Eine Nachzahlung von Dienstbezügen findet aus diesem Anlaß nicht statt; die nach dem neu errechneten BDA. zustehenden Bezüge sind frühestens vom Ersten des Monats ab zu zahlen, in dem die Genehmigung ausgesprochen wird.

Nr. 17. Bei der ersten planmäßigen Anstellung eines Beamten, der nicht Stellenanwärter war, wird zunächst das Anwärterdienstalter — AnwDA. — (§ 17 Abs. 1) festgesetzt. Sodann ist zu ermitteln, welche Zeitabschnitte nach den für die nichtplanmäßigen Beamten geltenden Bestimmungen (vgl. Nr. 87 ff.) auf das AnwDA. anzurechnen wären, wenn der Beamte als nichtplanmäßiger Beamter derselben Besoldungsgruppe angestellt wäre. Nach diesem AnwDA. ist gemäß § 3 Abs. 2 das BDA. festzusetzen.

Zu § 3 Abs. 3.

Nr. 18. (1) Als Versorgungsämter im Sinne des PrBesG. und dieser PBV. gelten nur die Inhaber

a) des Zivilversorgungsscheins gemäß § 75 des Militärpensionsgesetzes v. 27. 6. 1871 (RGBl. S. 275), § 10 des Ergänzungsgesetzes v. 4. 4. 1874 (RGBl. S. 25), §§ 15, 16 des Mannschaftsversorgungsgesetzes v. 31. 5. 1906 (RGBl. S. 593) und § 30 des Wehrmachtversorgungsgesetzes v. 4. 8. 1921 in der Fassung des Gesetzes v. 19. 9. 1925 (RGBl. I S. 349);
b) des Zivilversorgungsscheins gemäß § 1 Abs. 4, 5, 7 und 8 der Anstellungsgrundsätze für den Reichs- und Staatsdienst v. 20. 6. 1907 (ZBlfDR. S. 309);
c) des Zivildienstscheins gemäß § 10 des Wehrmachtversorgungsgesetzes v. 4. 8. 1921 in der Fassung des Gesetzes v. 19. 9. 1925 (RGBl. I S. 349);
d) des Polizeiversorgungsscheins gemäß § 2 des Reichsgesetzes über die Schutzpolizei der Länder v. 17. 7. 1922 (RGBl. I S. 597) und § 2 des Gesetzes über die Versorgung der Polizeibeamten beim Reichswasserschutz v. 26. 2. 1926 (RGBl. I S. 149).

(2) Zu ihnen gehören nicht die Inhaber des Anstellungsscheins, des Beamtenscheins, des Zivildienstscheins gemäß § 61 des Wehrmachtversorgungsgesetzes (ehemalige Offiziere) und des Forstversorgungsscheins.

Nr. 19. Unter „Dienstzeit beim Reichswasserschutz" ist nur der Dienst der Polizeibeamten beim Reichswasserschutz (vgl. die Anlage zur Besoldungsordnung A zum Reichsbesoldungsgesetz v. 16. 12. 1927 — RGBl. I S. 349 —) zu verstehen.

Nr. 20. Den Versorgungsanwärtern wird nach § 3 Abs. 3 bei der ersten planmäßigen Anstellung auf das BDA. angerechnet

a) von der Dienstzeit im Heere, in der Marine, in der Schutzpolizei oder als Polizeibeamter beim Reichswasserschutz das erste Jahr,

b) von denselben Dienstzeiten unter Hinzurechnung der nachfolgenden Zivildienstzeit (vgl. Nr. 21), außerdem das 9., 10., 11., 12. und 13. Jahr,

im günstigsten Falle also eine Zeit von insgesamt 6 Jahren.

Nr. 21. (1) Als nachfolgende Zivildienstzeit im Sinne des § 3 Abs. 3 gilt die Zeit einer praktischen Beschäftigung, die Zeit eines Probe- und Vorbereitungsdienstes und die nichtplanmäßige Dienstzeit. In allen diesen Fällen ist Voraussetzung, daß die Dienstzeiten in derselben Dienstlaufbahn (vgl. Nr. 15), in der der Beamte erstmalig planmäßig angestellt wird, zurückgelegt sind. Inwieweit auch andere Dienstzeiten als nachfolgende Zivildienstzeit zu berücksichtigen sind, bestimmt der Fachminister.

(2) Eine Anrechnung der nachfolgenden Zivildienstzeit ist insoweit ausgeschlossen, als sich die planmäßige Anstellung auf eigenen Wunsch des Versorgungsanwärters, wegen unzureichender Befähigung oder aus einem sonstigen in der Person des Versorgungsanwärters liegenden Grund — ausgenommen Krankheit — verzögert hat. Nr. 16 Abs. 2 gilt sinngemäß.

Nr. 22. (1) Dem Dienst im Heere oder in der Marine steht der Dienst bei den Schutztruppen, bei den Polizeitruppen in den früheren Schutzgebieten und als Grenz- und Zollaufsichtsbeamter in den früheren Schutzgebieten gleich.

(2) Ausgeschlossen bleibt die Zeit einer verschuldeten Kriegsgefangenschaft oder Internierung.

(3) Ob und wieweit der Dienst in einem verbündeten oder befreundeten Heere dem Dienst im Heere usw. gleichsteht, bestimmt im einzelnen Falle der Fachminister im Einvernehmen mit dem Finanzminister.

(4) Dem Dienst in der Schutzpolizei oder als Polizeibeamter beim Reichswasserschutz steht gleich der Vollzugsdienst in einem anderen Teile der Polizei oder in der Landjägerei (Gendarmerie) sowie in einer anderen Körperschaft, in der der Zivilversorgungsschein, der Zivildienstschein oder der Polizeiversorgungsschein erdient werden kann und erdient worden ist.

Nr. 23. Beispiel 1: Wird ein Versorgungsanwärter nach zwölf Dienstjahren im Heere, einer Vorbereitungszeit von sechs Monaten und einer nichtplanmäßigen Dienstzeit von fünf Jahren planmäßig angestellt, so ist ihm das erste, neunte, zehnte, elfte und zwölfte Heeresdienstjahr und das erste Jahr der „nachfolgenden Zivildienstzeit", d. h. das halbe Jahr Vorbereitungsdienst und das erste halbe Jahr der nichtplanmäßigen Dienstzeit, insgesamt also eine Zeit von sechs Jahren, nach § 3 Abs. 3 auf das BDA. anzurechnen. Dazu kommt nach § 3 Abs. 2 die vier Jahre übersteigende nichtplanmäßige Dienstzeit — wobei das nach § 3 Abs. 3 als nachfolgende Zivildienstzeit bereits angerechnete halbe Jahr nicht abzuziehen ist —, also ein weiteres (siebentes) Jahr.

Beispiel 2: Ein Versorgungsanwärter mit einer Militärdienstzeit vom 1. 1. 1913 bis 31. 3. 1921, einer Probedienstzeit vom 1. 4. 1921 bis 30. 9. 1921, einer nichtplanmäßigen Dienstzeit vom 1. 10. 1921 bis 31. 12. 1927 wird am 1. 1. 1928 planmäßig angestellt.

Es sind anzurechnen:

nach Nr. 20 Abs. a die Zeit v. 1. 1. 1913—31. 12. 1913	=	1 Jahr,
nach Nr. 20 Abs. b die Zeit v. 1. 1. 1921—31. 12. 1925	=	5 Jahre,
insgesamt		6 Jahre.

Außerdem ist nach § 3 Abs. 2 von der nichtplanmäßigen Dienstzeit v. 1. 10. 1921—31. 12. 1927 der Teil, der 4 Jahre übersteigt, d. i. die Zeit v. 1. 10. 1925—31. 12. 1927, auf das BDA. anzurechnen. Da aber die Zeit vom 1. 10. 1925 bis 31. 12. 1925 bereits angerechnet ist, kann nur noch die Zeit vom 1. 1. 1926—31. 12. 1927 = 2 Jahre zur Anrechnung gelangen.

Zu § 3 Abs. 4 Satz 1.

Nr. 24. (1) Bei der Anrechnung, die beim erstmaligen Übertritt in eine andere Besoldungsgruppe zu erfolgen hat, gilt die in der Eingangsstellung zurückgelegte Dienstzeit als „nachfolgende Zivildienstzeit" im Sinne des § 3 Abs. 3.

(2) § 3 Abs. 4 gilt sinngemäß auch für Versorgungsanwärter, die als Beamte der Besoldungsgruppe ihrer ersten planmäßigen Anstellung in den einstweiligen oder dauernden Ruhestand versetzt worden sind und in einer anderen Besoldungsgruppe wieder angestellt werden.

Zu § 3 Abs. 4 Satz 2.

Nr. 25. Unter einer tatsächlich geleisteten Kriegsdienstzeit ist die Dienstzeit auf einem Kriegsschauplatze bei einem planmäßigen Truppen- oder Marineteil der Wehrmacht zu verstehen.

Zu § 3 Abs. 5.

Nr. 26. (1) Beispiel zu Satz 1 und 2: Justizsekretär X. (BesGr. A 6) mit einem BDA. v. 1. 10. 1913 wird mit Wirkung v. 1. 4. 1928 ab zum Justizobersekretär (BesGr. A 4 b) befördert. Da er am 31. 3. 1928 in BesGr. A 6 einen Grundgehaltssatz von 3100 *RM* erhält, steht ihm vom 1. 4. 1928 ab der nächsthöhere Grundgehaltssatz der BesGr. A 4 b von 3300 *RM* zu. Diesen bezieht er zwei Jahre lang. Der Beginn seines BDA. ist auf den 1. 4. 1924 festzusetzen.

(2) Beispiel zu Satz 3: Justizsekretär Y. (BesGr. A 6) mit einem BDA. v. 1. 10. 1911 wird mit Wirkung vom 1. 4. 1928 ab zum Justizobersekretär (BesGr. A 4 b) befördert. Da er am 31. 3. 1928 in BesGr. A 6 einen Grundgehaltssatz von 3200 *RM* erhält, steht ihm vom 1. 4. 1928 ab der nächsthöhere Grundgehaltssatz der BesGr. A 4 b von 3300 *RM* zu. Da er aber denselben Grundgehaltssatz von 3300 *RM* vom 1. 10. 1929 ab auch in der verlassenen BesGr. A 6 bezogen haben würde, bezieht er von diesem Tage ab in der BesGr. A 4 b den nächsthöheren Grundgehaltssatz von 3550 *RM*. Der Beginn seines BDA. ist auf den 1. 10. 1923 festzusetzen.

Nr. 27. (1) Die in Stellen des Zivildienstes übertretenden Soldaten erhalten die ihrer neuen Stelle entsprechenden Dienstbezüge ohne Rücksicht auf die Höhe der Besoldung, die sie als Soldaten der Wehrmacht bezogen haben.

(2) Sind sie Versorgungsanwärter, so ist ihnen bei der planmäßigen Anstellung die nach § 3 Abs. 3 und 4 sich ergebende Zeit auf das BDA. anzurechnen.

(3) Sind sie nicht Versorgungsanwärter, so kann eine Anrechnung von Heeres- oder Marinedienstzeit nach § 8 erfolgen. Der Umstand, daß beim Übertritt in den Zivildienst etwa eine Verschlechterung in den gesamten Dienstbezügen eintritt, ist in der Regel nicht als eine ausgleichsbedürftige Härte im Sinne der PBV. anzusehen.

Zu § 3 Abs. 6.

Nr. 28. Beim Übertritt aus der Besoldungsgruppe A 6 in die Besoldungsgruppe A 4 d auf Grund der Ablegung der Sonderprüfung wird das BDA. höchstens um 8 Jahre verkürzt.

Zu § 3 Abs. 7 Satz 1.

Nr. 29. Sollten im Einzelfalle besondere Gründe vorliegen, ausnahmsweise von den im § 3 Abs. 7 Satz 1 getroffenen Grundsätzen abzuweichen, so ist vor der Wiedereinstellung des Beamten die Entscheidung des Fachministers einzuholen. Sie ergeht im Einverständnis mit dem Finanzminister.

Zu § 3 Abs. 7 Satz 3.

Nr. 30. Die Vorschriften in Nr. 31 Abs. 1 bis 3 sind auch bei der Wiederanstellung von Beamten anzuwenden, die in den dauernden Ruhestand versetzt worden sind.

Festsetzung des BDA. in besonderen Fällen.

Nr. 31. (1) Wird ein mit Wirkung von einem späteren Tage als dem 1. 10. 1927 ab in den einstweiligen Ruhestand versetzter Beamter in seiner früheren Besoldungsgruppe wiederangestellt, so wird das BDA., das er beim Eintritt in den einstweiligen Ruhestand hatte, um die Zeit des einstweiligen Ruhestandes gekürzt, soweit er nicht während dieser Zeit als nichtplanmäßiger Beamter im Staatsdienst voll beschäftigt war. Die volle Beschäftigung im Staatsdienst als nichtplanmäßiger Beamter muß bei Beschäftigungen, die nach dem 26. 3. 1926 begonnen haben, in einer schriftlichen Eröffnung der Verwaltung ausgesprochen sein. Die übrige Zeit seit der Versetzung in den einstweiligen Ruhestand, insbesondere eine im privatrechtlichen Vertragsverhältnis zurückgelegte Beschäftigungszeit, kann nur in sinngemäßer Anwendung des § 3 Abs. 8 angerechnet werden.

(2) Dasselbe gilt, wenn ein mit Wirkung vom 1. 10. 1927 oder einem früheren Tage in den einstweiligen Ruhestand versetzter Beamter in der seiner früheren Besoldungsgruppe entsprechenden Besoldungsgruppe des neuen PrBesG. wiederangestellt wird. Dabei sind gegebenenfalls die Bestimmungen des PrBesG., insbesondere die bei den einzelnen Besoldungsgruppen vorgesehenen Überleitungsbestimmungen anzuwenden. Als Stichtag gilt nicht der 30. 9. 1927, sondern der Tag der Wiederanstellung.

(3) Wird der Beamte in einer anderen Besoldungsgruppe wiederangestellt, so wird sein BDA. so berechnet, wie wenn er in der früheren oder der ihr entsprechenden Besoldungsgruppe wiederangestellt und an demselben Tage in die andere Besoldungsgruppe übergetreten wäre.

Nr. 32. Beim Übertritt eines planmäßigen Beamten des Reichs, der Deutschen Reichsbahngesellschaft oder eines planmäßigen (unmittelbaren) Beamten eines der Länder in den Staatsdienst wird das BDA. vom Fachminister im Einvernehmen mit dem Finanzminister besonders festgesetzt.

Nr. 33. Bei Festsetzung des BDA. der ehemaligen aktiven Offiziere ist weiterhin nach Ziff. 36 der PBV. in der Fassung der Bekanntmachung vom 15. 7. 1925 (PrBesBl. S. 227) unter Berücksichtigung der neuen Besoldungsordnung zu verfahren.

Nr. 34. Ist die planmäßige Anstellung eines Beamten durch Kriegsdienst oder durch den vor dem Kriege in Erfüllung der gesetzlichen Dienstpflicht abgeleisteten Heeres- und Marinedienst verzögert worden, so ist weiterhin nach Ziff. 65 bis 73 der PBV. in der Fassung der Bekanntmachung vom 15. 7. 1925 (PrBesBl. S. 227) zu verfahren.

Nr. 35. Erfolgt die erste planmäßige Anstellung eines Beamten nicht in der Besoldungsgruppe, in der sie bei regelmäßig verlaufender Dienstlaufbahn erfolgen würde, sondern in einer Besoldungsgruppe mit höherem Endgrundgehalt, so ist das BDA. so zu berechnen, wie wenn der Beamte in seiner Eingangsgruppe (z. B. bei den hochschulmäßig vorgebildeten Beamten in der Besoldungsgruppe A 2 b) angestellt und noch an demselben Tage in seine wirkliche Anstellungsgruppe befördert worden wäre.

Nr. 36. Die Zeit eines durch die Annahme- oder Prüfungsbedingungen vorgeschriebenen Besuches einer staatlichen oder staatlich anerkannten technischen Fachschule oder eines diesen ersetzenden Hochschulbesuches sowie die neben diesem Fach- oder Hochschulbesuch vorgeschriebene Zeit einer praktischen Beschäftigung wird auf das BDA. angerechnet, soweit dadurch der Beginn des BDA. gegenüber den nichttechnisch vorgebildeten Beamten, die mit gleichzubewertenden Dienstaufgaben betraut sind, hinausgeschoben wird.

Nr. 37. Wird ein Beamter ohne Dienstbezüge beurlaubt, so ist das BDA. um die volle Zeit des Urlaubs zu kürzen. Dies gilt nicht, wenn die Beurlaubung zur Beschäftigung im öffentlichen Dienst erfolgt. Ferner sind Ausnahmen zulässig, wenn der Beamte im dienstlichen Interesse beurlaubt wird; in diesen Fällen entscheidet der Fachminister oder die von ihm bestimmte Stelle.

Nr. 38. Ergeben sich bei der Regelung des BDA. Härten, so kann der Fachminister im Einvernehmen mit dem Finanzminister ausnahmsweise das BDA. anderweit festsetzen.

Nr. 39. Als eine Härte, die eines außerordentlichen Ausgleichs bedarf, ist in der Regel nicht anzusehen:

a) wenn eine Stelle nicht mit rückwirkender Kraft verliehen worden ist, obwohl es nach Nr. 14 zulässig gewesen wäre,
b) wenn ein dienstjüngerer Amtsgenosse — auch bei derselben Behörde — ein höheres Grundgehalt bezieht,
c) wenn in einer früher bekleideten Stelle oder in einer verlassenen Dienstlaufbahn eine günstigere Beförderung oder sonstige Vorteile hätten erreicht werden können,
d) wenn ein Angestellter bei seiner Anstellung als Beamter eine Verminderung seines Einkommens gegenüber seinen bisherigen Angestelltenbezügen erfährt.

Nr. 40. In allen im PrBesG. und in den PBV. nicht geregelten Fällen, die sich zu einer allgemeinen Regelung eignen, erfolgt diese durch den Fachminister im Einvernehmen mit dem Finanzminister.

Zu § 3 Abs. 8.

Nr. 41. Für die Anrechnung kommt grundsätzlich nur eine Tätigkeit in Frage, die der Tätigkeit des Beamten in der Stelle, in der die Anstellung erfolgt, gleichwertig und förderlich gewesen ist.

Nr. 42. Dienstzeiten, die nicht im Beamtenverhältnis verbracht sind, dürfen in der Regel nicht in vollem Umfange, sondern nur mit einem angemessenen Teil berücksichtigt werden. Insbesondere ist die Zeit abzuziehen, die Beamte mit regelmäßiger Dienstlaufbahn im Vorbereitungsdienst oder als nichtplanmäßige Beamte zuzubringen haben.

Nr. 43. Eine Anrechnung nach § 3 Abs. 8 darf nicht erfolgen, soweit sich dadurch für den betreffenden Beamten ein günstigeres BDA. ergeben würde, als es ein Beamter der regelmäßigen Laufbahn bei gleichem Alter und regelrechtem Aufstieg besitzt. Unter einem gleichen Alter ist hierbei ein gleiches Prüfungsdienstalter, von der letzten gleichen oder vergleichbaren vorgeschriebenen Dienstprüfung an gerechnet, oder, wenn dieser Vergleichsmaßstab versagt, ein gleiches Lebensalter zu verstehen. Der Fachminister kann nach vorstehenden Bestimmungen bis zu zwei Jahren ohne Beteiligung des Finanzministers anrechnen.

Zu § 3 Abs. 10.

Nr. 44. (1) Den auf Grund des Beamtenscheins angestellten schwerkriegsbeschädigten Beamten wird bei der ersten planmäßigen Anstellung das BDA. um vier Jahre verbessert, jedoch wird es im günstigsten Falle festgesetzt — sofern die planmäßige Anstellung nicht früher erfolgt —

a) bei planmäßiger Anstellung in den Besoldungsgruppen A 10 bis A 12 auf den Ersten des Monats, in dem der Beamte das dreißigste Lebensjahr vollendet,

b) bei planmäßiger Anstellung in den Besoldungsgruppen A 9 und aufwärts auf den Ersten des Monats, in dem der Beamte das dreiunddreißigste Lebensjahr vollendet.

(2) Wenn die Anwendung des § 3 Abs. 3 und 4 günstiger wirkt, ist hiernach zu verfahren.

(3) Der Fachminister kann im Einvernehmen mit dem Finanzminister auch das BDA. eines schwerkriegsbeschädigten Beamten, der nicht auf Grund des Beamtenscheins angestellt worden ist, nach Abs. 1 und 2 festsetzen, wenn die Beschädigung vor Aufnahme ins Beamtenverhältnis eingetreten ist.

(4) Bei der ersten planmäßigen Anstellung schwerkriegsbeschädigter Versorgungsanwärter, die nicht im Besitze des Beamtenscheins sind, ist nach Abs. 1 zu verfahren, wenn dies günstiger wirkt als die Anwendung des § 3 Abs. 3 und 4.

(5) Scheidet ein schwerkriegsbeschädigter Beamter lediglich zum Zwecke des Übertritts in eine andere planmäßige Stelle aus, so ist bei der Wiederanstellung nach Abs. 1 bis 4 zu verfahren, wenn nicht die Anwendung des § 3 Abs. 5 günstiger wirkt.

(6) Abs. 1 bis 3 und 5 gelten auch für die am 30. September 1927 bereits planmäßig angestellten Beamten, Abs. 2 jedoch mit der Maßgabe, daß die Anrechnung höchstens ein Jahr (§ 3 Abs. 3 a) beträgt.

(7) Soweit schon bisher in Ausnahmefällen eine Verbesserung des BDA. von schwerkriegsbeschädigten Beamten stattgefunden hat, ist sie auf die nach vorstehenden Bestimmungen vorzunehmende Verbesserung anzurechnen.

§ 4.

(1) Der Beamte ist von der Festsetzung seines Besoldungsdienstalters schriftlich zu benachrichtigen.

(2) Die Entscheidung der Verwaltungsbehörden über die Festsetzung des Besoldungsdienstalters ist für die Beurteilung der vor den Gerichten geltend gemachten vermögensrechtlichen Ansprüche maßgebend.

Zu § 4 Abs. 1.

Nr. 45. (1) Der Benachrichtigung über die Festsetzung des BDA. ist unter Hinweis auf § 39 Abs. 3 PrBesG. eine genaue Berechnung beizufügen. Je eine beglaubigte Abschrift dieser Berechnung ist zu den Personalakten des Beamten zu nehmen und der zahlenden Kasse als Rechnungsbeleg zuzufertigen.

(2) Diese Bestimmung tritt mit der Bekanntmachung der PBV. in Kraft.

§ 5.

Die Versetzung in ein Amt, das mit einem niedrigeren Endgrundgehalt ausgestattet ist als das bisher bekleidete Amt, gilt gleichwohl als Versetzung in ein Amt von nicht geringerem planmäßigen Diensteinkommen im Sinne des § 53 des Gesetzes, betreffend die Dienstvergehen der Richter, vom 7. Mai 1851 (Gesetzsammlg. S. 218) und des § 87 Nr. 1 des Gesetzes, betreffend die Dienstvergehen der nichtrichterlichen Beamten, vom 21. Juli 1852 (Gesetzsammlg. S. 465), wenn das Endgrundgehalt der bisherigen Besoldungsgruppe zuzüglich der dem Beamten verliehenen ruhegehaltsfähigen und unwiderruflichen Stellenzulage nicht höher ist als das Endgrundgehalt der neuen Besoldungsgruppe zuzüglich der dem Beamten in der neuen Besoldungsgruppe ruhegehaltsfähigen und unwiderruflichen Stellenzulage. Das gleiche gilt, wenn ein Richter oder sonstiger Beamter aus einer Stelle, die mit einer widerruflichen Zulage ausgestattet war, in eine solche versetzt wird, in der diese nicht gewährt wird.

3. Wohnungsgeldzuschuß.

§ 6.

(1) Die planmäßigen Beamten erhalten, wenn sie ihren dienstlichen Wohnsitz im Deutschen Reiche haben, einen Wohnungsgeldzuschuß nach der als Anlage 2*) beigefügten Aufstellung.

(2) Der Finanzminister kann den Hundertsatz des auszuzahlenden Wohnungsgeldzuschusses erhöhen.

(3) Verheiratete Beamtinnen erhalten den Wohnungsgeldzuschuß zur Hälfte. Sie erhalten keinen Wohnungsgeldzuschuß, wenn der Ehemann als Beamter oder Angestellter des Reichs,

---

*) Hier nicht abgedruckt.

eines Landes, einer Gemeinde oder einer sonstigen Körperschaft des öffentlichen Rechtes einen Wohnungsgeldzuschuß bezieht.

(4) Den unverheirateten Beamten der Bereitschaftspolizei wird ein Wohnungsgeldzuschuß nicht gewährt, soweit in den Ausführungsbestimmungen zu diesem Gesetze nichts Abweichendes bestimmt oder zugelassen ist.

(5) Beamte, die im Staatsdienste nur ein Nebenamt bekleiden, erhalten keinen Wohnungsgeldzuschuß.

(6) Beamten, die gleichzeitig auch eine Stelle im Dienste des Reichs, eines der Länder oder einer Körperschaft des öffentlichen Rechtes bekleiden, wird von dem Wohnungsgeldzuschusse nur der Teilbetrag gewährt, der dem Anteil des aus der Staatskasse gezahlten Grundgehalts an dem Gesamtgrundgehalt entspricht. Die Höhe des Wohnungsgeldzuschusses richtet sich nach dem höchsten Grundgehalte.

Zu § 6 Abs. 1 und 2.

Nr. 46. (1) Die Jahres- und Monatsbeträge des vom 1. 10. 1927 ab zuständigen Wohnungsgeldzuschusses enthält die Übersicht 2.

(2) Nach welcher von den sieben Tarifklassen der Wohnungsgeldzuschuß — vorbehaltlich der Bestimmung im § 7 Abs. 1 — jeweils zu gewähren ist, ist bei den einzelnen Besoldungsgruppen der Besoldungsordnung vermerkt. Die Einreihung in die Tarifklassen richtet sich lediglich nach der Zugehörigkeit zu einer bestimmten Besoldungsgruppe und Dienstaltersstufe, in den in der Besoldungsordnung vorgesehenen Fällen auch nach der Gewährung einer ruhegehaltsfähigen Zulage. Alle sonstigen Bezüge bleiben hierbei außer Betracht. Die in der Vorbemerkung zur Besoldungsordnung vorgesehene Kürzung der Grundgehaltssätze der Beamtinnen ist — abgesehen von der Bestimmung im § 7 Abs. 2 — auf die Höhe des Wohnungsgeldzuschusses ohne Einfluß.

(3) Würde ein Beamter beim Übertritt in eine Besoldungsgruppe mit höherem oder gleichem Endgrundgehalt den Wohnungsgeldzuschuß nach einer niedrigeren Tarifklasse als bisher zu beziehen haben, so wird ihm der Wohnungsgeldzuschuß nach der bisherigen Tarifklasse weiter gewährt.

Nr. 47. Auf das Aufrücken in die höhere Tarifklasse des Wohnungsgeldzuschusses nach Maßgabe der Vermerke am Kopf jeder Besoldungsgruppe haben die planmäßigen Beamten einen Rechtsanspruch.

Nr. 48. Tritt ein Beamter in eine Besoldungsgruppe mit niedrigerem Endgrundgehalt über und vermindert sich der Wohnungsgeldzuschuß, so erhält er den der neuen Besoldungsgruppe entsprechenden Wohnungsgeldzuschuß von dem Zeitpunkt an, mit dem der Bezug des Gehalts der bisherigen Dienststelle aufhört.

Zu § 6 Abs. 3.

Nr. 49. (1) Hat eine verheiratete Beamtin wegen völliger Erwerbsunfähigkeit des Ehemannes allein für den Unterhalt der

Familie zu sorgen oder ist sie zur ehelichen Gemeinschaft nicht verpflichtet, so kann ihr von dem zuständigen Fachminister der volle Wohnungsgeldzuschuß bewilligt werden.

(2) Verwitwete und geschiedene Beamtinnen sowie Beamtinnen, deren Ehe für nichtig erklärt ist, erhalten den vollen Wohnungsgeldzuschuß.

(3) Ist der Wohnungsgeldzuschuß nach § 6 Abs. 3 auf die Hälfte herabzusetzen oder fällt er völlig fort, so wird die Änderung vom Ersten des Monats an wirksam, der auf das für die Herabsetzung oder für den Fortfall maßgebende Ereignis (z. B. die Verheiratung) folgt. Hat sich das Ereignis am ersten Tage eines Monats zugetragen, so wird die Herabsetzung oder der Fortfall von diesem Tage an wirksam. Eine nach § 6 und Nr. 49 gebotene Gewährung oder Erhöhung des Wohnungsgeldzuschusses wird vom Ersten des Monats an wirksam, in den das maßgebende Ereignis (z. B. der Tod des Ehemannes) fällt.

(4) Die Vorschrift im § 6 Abs. 3 Satz 2 gilt nicht, wenn der Ehemann Ruhegehaltsempfänger, Wartegeldempfänger oder mit Versorgung entlassener Angestellter des Reichs, eines Landes, einer Gemeinde oder einer sonstigen Körperschaft des öffentlichen Rechts ist.

Zu § 6 Abs. 4.

Nr. 50. Den Wohnungsgeldzuschuß erhalten die zur Bereitschaftspolizei gehörenden Polizeioberwachtmeister, Polizeihauptwachtmeister und Polizeioffiziere, und zwar gegebenenfalls unter Berücksichtigung des § 7 Abs. 1 (zu vgl. auch den RdErl. des MdJ. v. 13. 12. 1927 — II. L. 1. Hh. Allg. 88/27 — PrBesBl. S. 265 —).

§ 7.

(1) Ledige Beamte erhalten an Stelle des Wohnungsgeldzuschusses, der sich nach § 6 ergeben würde, den der nächstniedrigeren Tarifklasse. An Stelle des Wohnungsgeldzuschusses VII treten hierbei die um 40 vom Hundert gekürzten Sätze. Verwitwete und geschiedene Beamte gelten nicht als ledige Beamte.

(2) Die Kürzung des Wohnungsgeldzuschusses findet nicht statt bei Geistlichen sowie bei den Beamtinnen, deren Grundgehaltssätze nach der Besoldungsordnung gekürzt werden.

Zu § 7.

Nr. 51. (1) Die Vorschrift umfaßt nur ledige Beamte; verwitwete und geschiedene Beamte sowie Beamte, deren Ehe für nichtig erklärt ist, erhalten den Wohnungsgeldzuschuß für verheiratete Beamte, und zwar erhalten Beamtinnen in diesem Falle den vollen Wohnungsgeldzuschuß (vgl. Nr. 49 Abs. 2).

(2) Schwerkriegsbeschädigten ledigen Beamten, die infolge ihrer Beschädigung eine Person ständig in ihren Hausstand aufnehmen müssen, oder die aus einem anderen, in ihrer Beschädigung liegen-

den Grunde eine größere Wohnung nehmen müssen, als sie ledige Beamte in der Regel innehaben, kann der Fachminister den Wohnungsgeldzuschuß der verheirateten Beamten bewilligen. Die Bewilligung ist widerruflich.

(3) Nr. 49 Abs. 3 Satz 3 gilt sinngemäß.

§ 8.

(1) Die Einreihung der Orte oder von Ortsteilen in die verschiedenen Ortsklassen bestimmt sich nach dem Ortsklassenverzeichnisse, wie es nach reichsgesetzlicher Regelung für die Gewährung von Wohnungsgeldzuschüssen an die Reichsbeamten maßgebend ist.

(2) Der Finanzminister bestimmt, welcher Ortsklasse ein außerhalb Deutschlands gelegener, in diesem Ortsklassenverzeichnisse nicht enthaltener Ort, an dem preußische Beamte ihren dienstlichen Wohnsitz haben, zuzuweisen ist.

Zu § 8 Abs. 1.

Nr. 52. (1) Maßgebend ist das Ortsklassenverzeichnis, wie es durch die Verordnung über die 18. Ergänzung des Reichsbesoldungsgesetzes v. 28. 10. 1924 (RBesBl. S. 289) festgestellt worden ist, mit den inzwischen ergangenen Berichtigungen, Änderungen und Ergänzungen.

(2) Wegen der Ortsklasseneinteilung bei Eingemeindungen vgl. RdErl. v. 9. 2. 1927 — I. C. 2 1476 b — (PrBesBl. S. 20).

§ 9.

(1) Der Wohnungsgeldzuschuß wird nach der Ortsklasse des dienstlichen Wohnsitzes gewährt.

(2) Bei Versetzungen sowie bei Dienstleistungen, die eine Verlegung des dienstlichen Wohnsitzes zur Folge haben, wird der Wohnungsgeldzuschuß vom Ersten des auf die Änderung des dienstlichen Wohnsitzes folgenden Monats nach dem Satze des Wohnungsgeldzuschusses für den Versetzungsort gezahlt. Findet die Änderung des dienstlichen Wohnsitzes am ersten Werktag eines Monats statt, so tritt der Wechsel im Satze des Wohnungsgeldzuschusses schon mit diesem Monat ein.

(3) Die bei Versetzung an den Ort einer niedrigeren Ortsklasse eintretende Verminderung des Wohnungsgeldzuschusses wird als eine Verkürzung des Diensteinkommens im Sinne des § 53 des Gesetzes, betreffend die Dienstvergehen der Richter, vom 7. Mai 1851 (Gesetzsamml. S. 218) und des § 87 Nr. 1 des Gesetzes, betreffend die Dienstvergehen der nichtrichterlichen Beamten, vom 21. Juli 1852 (Gesetzsamml. S. 465) nicht angesehen.

Zu § 9 Abs. 1 und 2.

Nr. 53. (1) Dienstlicher Wohnsitz im Sinne der §§ 6 und 9 ist in der Regel der Amtssitz, d. h. der Sitz der Behörde oder

Dienststelle, bei der der Beamte angestellt ist, also nicht etwa der davon abweichende tatsächliche Wohnort.

(2) Statt dessen kann in Ausnahmefällen der Fachminister einzelnen Beamten oder Beamtengattungen den Ort, der den Mittelpunkt ihrer dienstlichen Obliegenheiten bildet, als dienstlichen Wohnsitz im Sinne des Abs. 1 anweisen.

(3) Ebenso kann der Fachminister widerruflich einzelnen Beamten den tatsächlichen Wohnort als dienstlichen Wohnsitz anweisen, sofern der Beamte ihn auf Anordnung seiner vorgesetzten Dienststelle innehat.

(4) Den im Ausland an der deutschen Grenze beschäftigten Beamten kann der Fachminister einen im Deutschen Reich in der Nähe des Beschäftigungsortes gelegenen Ort als dienstlichen Wohnsitz anweisen.

(5) Der Fachminister kann diese Befugnisse auf andere Behörden übertragen.

Nr. 54. (1) Wenn versetzte Beamte und Beamte, deren Umzug gemäß Nr. 55 genehmigt ist, ihren Hausstand am Versetzungsort oder Ort der Dienstleistung wegen Wohnungsmangels nicht einrichten können und auch von der vorgesetzten Behörde anerkannt wird, daß tatsächlich die Erlangung einer ihren Verhältnissen entsprechenden Wohnung unmöglich ist, gilt bis zum Letzten des Monats, in dem die Fortführung des Hausstandes am bisherigen Wohnort aufhört, dieser als dienstlicher Wohnsitz im Sinne der §§ 6 und 9.

(2) Zieht ein versetzter Beamter mit eigenem Hausstand vor dem festgesetzten Dienstantrittstage mit Genehmigung seiner vorgesetzten Behörde nach dem Versetzungsort um, so wird der Wohnungsgeldzuschuß vom Ersten des auf die Verlegung des Hausstandes folgenden Monats ab nach dem Satze des Versetzungsortes gezahlt.

(3) Erfolgt der Umzug in den Fällen des Abs. 1 und 2 am ersten Werktag eines Monats, so tritt der Wechsel im Wohnungsgeldzuschuß schon mit diesem Monat ein.

(4) Ein „eigener Hausstand" ist dann anzunehmen, wenn der Beamte eine Wohnung mit eigener oder selbstbeschaffter Geräteausstattung und Kochgelegenheit besitzt (nicht etwa in einem „möblierten" Zimmer wohnt), in seiner Wohnung die zum Lebensunterhalt notwendigen Speisen (wenigstens eine Hauptmahlzeit) durch einen Haushaltsgehilfen (auch Familienangehörigen) für eigene Rechnung herstellen läßt und für dessen Beköstigung auch während seiner Abwesenheit ganz oder doch überwiegend aufzukommen hat.

(5) Als „versetzt" können auch solche Beamte behandelt werden, die in den Dienst der Behörde einer anderen Verwaltung — sei es in gleicher Eigenschaft, unter planmäßiger Anstellung oder unter Beförderung — endgültig übertreten.

(6) Der gleiche Grundsatz wie in Abs. 5 ist beim Vorliegen der sonstigen Voraussetzungen sinnentsprechend anzuwenden, wenn

a) Beamte erstmalig — auch auf Probe angestellt,

b) Beamtenanwärter unter Gewährung von Vergütung zur Probedienstleistung oder Vorbereitung einberufen oder während derartiger Dienstleistung einer anderen Behörde überwiesen,

c) Beamte des Reichs, der Länder, Gemeinden und anderer Körperschaften des öffentlichen Rechts in den Staatsdienst übernommen werden.

(7) Die Bestimmung in Abs. 1 trifft auf die Beamten nicht zu, für die trotz der Versetzung ein Umzug nicht erforderlich wird. Dies ist der Fall, wenn die Lage des bisherigen Wohnorts sowie die dienstlichen Verhältnisse die Erledigung der Amtsgeschäfte vom bisherigen Wohnort aus gestatten und dessen Beibehaltung dem Beamten auf Antrag von der vorgesetzten Dienstbehörde genehmigt wird. Eine derartige Genehmigung mit der Wirkung, daß als dienstlicher Wohnsitz gemäß Nr. 53 Abs. 1 der Amtssitz der Behörde gilt, und daß später ein Anspruch auf Gewährung von Umzugskostenvergütung nicht fällig wird, kann auf Antrag des Beamten erteilt werden. Ebenso ist es zulässig, daß Beamte, die nicht versetzt sind, statt am dienstlichen Wohnsitz mit Genehmigung ihrer vorgesetzten Dienstbehörde an einem benachbarten Orte Wohnung nehmen, ohne dadurch den Anspruch auf den Bezug des Wohnungsgeldzuschusses nach dem Satze des dienstlichen Wohnsitzes zu verlieren.

(8) Sofern ein Beamter infolge seiner Versetzung von seinem bisherigen Wohnort fortzieht, aber an einem dritten Ort Wohnung nimmt, weil er an seinem neuen dienstlichen Wohnsitz keine Wohnung erlangen kann, findet Abs. 1 keine Anwendung, da der Hausstand nicht am bisherigen Wohnort fortgeführt wird. Dieser Beamte ist gemäß Nr. 53 Abs. 1 mit dem Wohnungsgeldzuschuß nach seinem neuen dienstlichen Wohnsitz abzufinden.

(9) Diese Bestimmungen sind sowohl bei Versetzungen nach Orten, die einer niedrigeren Ortsklasse als der des bisherigen Wohnorts angehören, wie auch bei Versetzungen nach Orten einer höheren Ortsklasse anzuwenden, also gleichviel, ob die Bestimmungen im einzelnen Falle zugunsten oder zuungunsten des versetzten Beamten wirken.

Nr. 55. (1) Eine Dienstleistung, die eine Verlegung des dienstlichen Wohnsitzes zur Folge hat, liegt dann vor, wenn von der vorgesetzten Behörde wegen der voraussichtlichen längeren Dauer der Dienstleistung die Genehmigung zum Umzug des Beamten erteilt ist.

(2) Durch § 9 Abs. 2 wird die Bestimmung in Nr. 54 nicht berührt.

§ 10.

Wird eine Dienstwohnung zugewiesen, so ist sie dem Beamten mit einem Betrage, den die zuständige Behörde unter Mitwirkung der örtlichen Beamtenvertretung und unter Berücksichtigung des örtlichen Mietwerts festsetzt, auf seine Dienstbezüge bis zur Höhe des Wohnungsgeldzuschusses anzurechnen.

Zu § 10.

Nr. 56. (1) Als Dienstwohnung im Sinne des PrBesG. gelten solche Wohnungen oder einzelne Zimmer, die einem Beamten im Interesse des Dienstes im Zusammenhange mit den Dienstobliegenheiten auf Grund des Staatshaushalts zugewiesen werden.

(2) Räume, die ausschließlich dienstlichen Zwecken dienen oder die vorwiegend dienstlicher Repräsentation gewidmet sind, gelten nicht als Zubehör der Dienstwohnung.

Nr. 57. (1) Für die Dienstwohnung wird dem Beamten eine angemessene Vergütung in Reichsmark auf seine Dienstbezüge angerechnet (Anrechnungsbetrag). Dieser Anrechnungsbetrag darf den Wohnungsgeldzuschuß des Beamten nicht übersteigen (höchster Anrechnungsbetrag).

(2) Die unentgeltliche Einräumung einer Dienstwohnung ist unzulässig.

Nr. 58. (1) Durch den Anrechnungsbetrag werden alle Leistungen abgegolten, deren Kosten die Staatskasse nach dem Regulativ über die Dienstwohnungen der Staatsbeamten vom $\frac{26.\ 7.\ 1880}{20.\ 4.\ 1898}$ vor dem 1. 7. 1914 getragen hat. Bis auf weiteres verzichtet der Staat ferner auf folgende, dem Dienstwohnungsinhaber durch § 14 des Dienstwohnungsregulativs auferlegte Leistungen, sofern diese nicht durch Verschulden (Vorsatz oder Fahrlässigkeit) des Dienstwohnungsinhabers, seiner Angehörigen, seiner Hausangestellten, seiner Gäste oder der von ihm Beauftragten nötig geworden sind:

a) die Erhaltung der Verglasung in den Fenstern, Glastüren, Glaswänden und Oberlichten (§ 14 a a. a. O.),

b) das Fegen der Schornsteine (§ 14 b a. a. O.),

c) die Unterhaltung der staatseigenen Öfen, Kochherde, Bratöfen, Kesselfeuerungen, Koch- und Backapparate bezüglich der durch den fortgesetzten Gebrauch nötig gewordenen Reparaturen (§ 14 c a. a. O.),

d) die Unterhaltung der Beschläge und Schlösser an Türen und Fenstern sowie für die Unterhaltung vorhandener Glockenzüge oder ähnlicher Vorrichtungen zum Herbeirufen der Hausangestellten (§ 14 d a. a. O.),

e) den Anstrich der inneren Türen und Fenster, der Paneele, hölzernen Verschläge und Wandschränke, soweit einzelne, durch den Gebrauch abgenutzte Stellen eine Wiederherstellung der Farbendecke erfordern (§ 14 e a. a. O.),

f) die Unterhaltung der inneren Wände und Decken in betreff ihrer Tünche, Färbung und Malerei oder Tapezierung, das hierbei etwa erforderliche Arbeiten des Abputzes sowie für die Beseitigung unwesentlicher Verletzungen des Putzes und das Abreiben unrein gewordener Tapetenwände und Decken (§ 14 g a. a. O.),

g) kleine Ausbesserungen des Anstrichs der Fußbodendielung (§ 14 f a. a. O.).

(2) Neben der Zahlung des Anrechnungsbetrages liegt dem Dienstwohnungsinhaber die Beseitigung der Abwässer, der Asche, des Mülls und der Auswurfstoffe, die Straßenreinigung, die Beleuchtung der Zugänge und Treppen zu seiner Wohnung im bisherigen Umfange ob. Auch ist er über den höchsten Anrechnungsbetrag (Nr. 57 Abs. 1) hinaus zur Leistung von Abgaben, Lasten oder Umlagen verpflichtet, die auch sonst der Mieter gesetzlich oder ortsüblich zu den Kommunalbedürfnissen zu leisten hat.

(3) Für Zentralheizung, Warmwasserversorgung, Fahrstuhlbenutzung und Brennstoffentnahme hat der Beamte die besonderen Vergütungen nach den hierfür ergangenen Bestimmungen zu entrichten.

Nr. 59. (1) Der Anrechnungsbetrag soll den örtlichen Mietwert der Wohnungen gleicher Art und Lage berücksichtigen. Er geht von dem Mietwert der Dienstwohnung nach dem Vorkriegsstande, also v. 1. 7. 1914 (Friedensmietwert) aus und wird durch einen bestimmten Hundertsatz dieses Friedensmietwertes gebildet.

(2) Den Friedensmietwert ermitteln die Ortsbaubeamten der Staatshochbauverwaltung, in Berlin die Preuß. Bau- und Finanzdirektion; unter Berücksichtigung dieser Ermittlungen setzen die zuständigen Verwaltungsbehörden unter Mitwirkung der örtlichen Beamtenvertretung den Friedensmietwert fest. Dabei sind die Pflichten des Dienstwohnungsinhabers aus Nr. 58 Abs. 2 Satz 1, sofern sie von den ortsüblichen Leistungen der Mieter abweichen, zu berücksichtigen.

(3) Der Hundertsatz (Abs. 1), der vom Friedensmietwert (Abs. 2) als Anrechnungsbetrag (Nr. 57 Abs. 1) zu erheben ist, ist für alle Dienstwohnungen der gleiche. Er wird vom Finanzminister im Einvernehmen mit dem Minister für Volkswohlfahrt bestimmt. Welche Verwaltungsbehörde (Abs. 2) für die Festsetzung des Friedensmietwertes zuständig ist, bestimmt der Fachminister.

Nr. 60. (1) Im Sinne des PrBesG. gelten als Wirtschaftsland, dessen Nutzung staatsseitig gewährt wird, Weide-, Acker-,

Wiesen- und Nutzgartenflächen, die einem Beamten im Interesse des Dienstes zugewiesen werden. Die Vergütung für solche Nutzung setzt die zuständige Verwaltungsbehörde (Nr. 59 Abs. 3) unter Mitwirkung der Beamtenvertretung fest. Die Vergütung soll grundsätzlich dem ortsüblichen Pachtwert unter Berücksichtigung einer nichtfachmännischen Bewirtschaftung entsprechen. Sie ist neben und unabhängig von dem Anrechnungsbetrage für die Dienstwohnung zu zahlen.

(2) Ziergärten, die im Zusammenhang mit einer Dienstwohnung einem Beamten überwiesen werden, gelten nicht als Wirtschaftsland (Abs. 1).

Nr. 61. Auf Bereitschafts**wohnungen** der geschlossen untergebrachten Schutzpolizei finden die Vorschriften über Dienstwohnungen und Wirtschaftsland sinngemäß Anwendung. Für bereitgestellte Bereitschafts**wohnräume** der geschlossen untergebrachten Schutzpolizei werden von den Schutzpolizeibeamten, die Wohnungsgeldzuschuß erhalten, Wohnraumabzüge einbehalten. Über ihre Höhe bestimmt der Minister des Innern im Einvernehmen mit dem Finanzminister.

4. Kinderbeihilfen.

§ 11.

(1) Die Beamten erhalten für jedes eheliche Kind bis zum vollendeten 21. Lebensjahre eine Kinderbeihilfe.

(2) Die Kinderbeihilfe beträgt monatlich für die ersten beiden Kinder je 20 Reichsmark, für das dritte und vierte Kind je 25 Reichsmark, für das fünfte und jedes weitere Kind je 30 Reichsmark. Die Höhe des jeweils zu zahlenden Satzes bemißt sich nach der Zahl der kinderbeihilfefähigen Kinder.

(3) Den ehelichen Kindern stehen gleich:

a) für ehelich erklärte Kinder,

b) an Kindes Statt angenommene Kinder,

c) Stiefkinder, die in den Hausstand des Beamten aufgenommen sind,

d) uneheliche Kinder. Ein Beamter erhält als Erzeuger eines unehelichen Kindes die Kinderbeihilfe nur, wenn seine Vaterschaft festgestellt ist und wenn er das Kind in seinen Hausstand aufgenommen hat oder auf andere Weise nachweislich für seinen vollen Unterhalt aufkommt. Eine Beamtin erhält die Kinderbeihilfe nur, wenn der volle Unterhalt von ihr als Mutter gewährt werden muß.

(4) Für Kinder vom vollendeten 16. bis zum vollendeten 21. Lebensjahre wird die Kinderbeihilfe nur gewährt, wenn sie

a) sich in der Schulausbildung oder in der Ausbildung für einen künftig gegen Entgelt auszuübenden Lebensberuf befinden und

b) nicht ein eigenes Einkommen von mindestens monatlich 40 Reichsmark haben.

(5) Die Kinderbeihilfe wird für jedes Kind nur einmal gewährt.

(6) Die Kinderbeihilfe fällt fort mit dem Ablaufe des Monats, der auf den Monat folgt, in dem das für den Wegfall der Beihilfe maßgebende Ereignis sich zugetragen hat. Eine einmal fortgefallene Kinderbeihilfe lebt nicht wieder auf, wenn die Vorbedingungen für ihre Gewährung nur vorübergehend wieder eintreten.

(7) Für Kinder, die wegen körperlicher oder geistiger Gebrechen dauernd erwerbsunfähig sind und die nicht ein eigenes Einkommen von mindestens monatlich 40 Reichsmark haben, wird die Kinderbeihilfe ohne Rücksicht auf das Lebensalter weitergewährt.

(8) Verheiratete Beamtinnen erhalten Kinderbeihilfen für gemeinsame Kinder nur, wenn der Ehemann bei Berücksichtigung seiner sonstigen Verpflichtungen außerstande ist, ohne Gefährdung des standesgemäßen Unterhalts der Familie diese zu unterhalten. Entsprechendes gilt für die geschiedenen Beamtinnen.

(9) Beamte, die im Staatsdienste nur ein Nebenamt bekleiden, erhalten keine Kinderbeihilfe.

(10) Beamten, die gleichzeitig auch eine Stelle im Dienste des Reichs, eines der Länder oder einer Körperschaft des öffentlichen Rechtes bekleiden, wird von der Kinderbeihilfe nur der Teilbetrag gewährt, der dem Anteile des aus der Staatskasse gezahlten Grundgehalts an dem Gesamtgrundgehalt entspricht.

Zu § 11 im allgemeinen.

Nr. 62. (1) Die Kinderbeihilfen werden vom Ersten des Monats an gezahlt, in den das für die Gewährung maßgebende Ereignis fällt.

(2) Eine Herabsetzung der Kinderbeihilfe infolge Verringerung der Zahl der kinderbeihilfefähigen Kinder wird vom Ersten des zweiten Monats an wirksam, der auf das maßgebende Ereignis folgt. Im übrigen (vgl. Nr. 63 Abs. 3) tritt die Herabsetzung vom Ersten des Monats ein, der auf das maßgebende Ereignis folgt. Hat sich im letzteren Falle das Ereignis am ersten Tage eines Monats zugetragen, so wird die Herabsetzung bereits von diesem Tage an wirksam.

(3) Bis zum 15. März jedes Jahres hat der Beamte der für die Anweisung der Kinderbeihilfe zuständigen Stelle eine Erklärung abzugeben, daß die für den Bezug und die Höhe der angewiesenen Kinderbeihilfe maßgebenden Verhältnisse im abgelaufenen Rechnungsjahr unverändert fortbestanden haben und weiterhin fortbestehen.

(4) Jede Tatsache, die eine Herabsetzung oder die Einstellung der Zahlung der Kinderbeihilfe zur Folge hat, ist von dem Beamten unverzüglich schriftlich anzuzeigen.

(5) Auf die Vorschriften des Abs. 3 und 4 ist der Beamte bei der erstmaligen Anweisung einer Kinderbeihilfe ausdrücklich hinzuweisen.

(6) Entscheidungen über die Gewährung, Herabsetzung oder den Wegfall von Kinderbeihilfen haben die für die Bewilligung von Kinderbeihilfen zuständigen Stellen selbständig zu treffen. Die Entscheidungen sind von dem zuständigen Rechnungsamt oder einer Rechnungsprüfungsstelle, soweit die Bewilligung nicht durch die oberste Verwaltungsbehörde erfolgt, alsbald nicht nur rechnerisch, sondern auch sachlich nachzuprüfen.

Zu § 11 Abs. 1, 2 u. 3.

Nr. 63. (1) Ein am ersten Tage eines Monats geborenes Kind vollendet ein Lebensjahr nach § 187 Abs. 2, § 188 Abs. 2 des Bürgerlichen Gesetzbuches mit Ablauf des letzten Tages des vorhergehenden Monats.

(2) Die Reihenfolge der Kinder für die Bemessung der Kinderbeihilfen bestimmt sich nach dem Lebensalter der Kinder. Zu den beihilfefähigen Kindern im Sinne des § 11 Abs. 2 Satz 2 sind auch die Kinder im Alter von 21 bis 24 Jahren, für die eine Kinder z u l a g e auf Grund besonderer Bestimmungen gewährt wird, zu rechnen.

(3) Kommt der Beamte seiner Unterhaltspflicht für ein eheliches, für ehelich erklärtes oder an Kindes Statt angenommenes Kind nicht oder nur teilweise nach, so wird die Kinderbeihilfe nicht oder nur bis zur Höhe seiner Aufwendungen gewährt. Das gleiche gilt sinngemäß für Stiefkinder. Für Stiefkinder wird die Kinderbeihilfe nur gezahlt, sofern nicht eine andere, zum Unterhalt verpflichtete Person den Unterhalt gewährt.

(4) Für ein verheiratetes Kind wird keine Kinderbeihilfe gewährt, es sei denn, daß der Ehegatte es nicht unterhalten kann.

(5) Ist für ein eheliches, für ehelich erklärtes, an Kindes Statt angenommenes Kind oder für ein Stiefkind ein Vormund oder Pfleger bestellt, so kann die vorgesetzte Behörde auf Antrag des Vormundschaftsgerichts bestimmen, daß die Kinderbeihilfe nicht an den Beamten, sondern an den Vormund oder Pfleger oder an das Vormundschaftsgericht zu zahlen ist. Wegen des unehelichen Kindes vgl. Nr. 65 Abs. 7.

(6) Beamten kann die Kinderbeihilfe entzogen werden, so lange das Kind im Auslande lebt und seine deutsche Erziehung nicht gewährleistet ist.

Nr. 64. Bei Berechnung der den Hinterbliebenen von Beamten, Wartegeldempfängern und Ruhegehaltsempfängern für das auf den Sterbemonat folgende Vierteljahr zustehenden Gnadenbezüge sind alle für den Sterbemonat zustehenden Kinderbeihilfen mitzuberücksichtigen. Außerdem werden Kinderbeihilfen für solche Kinder gezahlt, für die die Voraussetzungen zum Bezuge erst während des Vierteljahres eintreten oder wieder eintreten.

Nr. 65. (1) **Unter an Kindes Statt angenommene Kinder** sind nur solche zu verstehen, die nach § 1741 des Bürgerlichen Gesetzbuches angenommen sind. Für die Gewährung der Kinderbeihilfe ist der Tag der Bestätigung des Annahmevertrags durch das zuständige Gericht maßgebend (§ 1754 BGB.).

(2) Stiefkinder sind die ehelichen, für ehelich erklärten oder an Kindes Statt angenommenen Kinder des anderen Ehegatten, die nicht zugleich eigene Kinder sind, sowie die unehelichen Kinder der Ehefrau, nicht aber die unehelichen Kinder des Ehemannes.

(3) Auch für uneheliche Kinder wird die Kinderbeihilfe, wenn die sonstigen Voraussetzungen gegeben sind, bis zum vollendeten einundzwanzigsten Lebensjahre, nicht nur für die Dauer der gesetzlichen Unterhaltspflicht des Vaters, gewährt. Wenn jedoch das uneheliche Kind die deutsche Staatsangehörigkeit nicht besitzt, so wird die Kinderbeihilfe nur solange gewährt, als der Beamte zur Zahlung einer Unterhaltsrente verpflichtet ist.

(4) Die Vaterschaft des Beamten für ein uneheliches Kind kann nur durch Urteil oder durch Anerkennung in einer öffentlichen Urkunde festgestellt werden.

(5) Die Gewährung des vollen Unterhalts für ein uneheliches Kind ist nur anzunehmen, wenn der Beamte für den Unterhalt des Kindes einen Betrag tatsächlich aufwendet, der die Kinderbeihilfe um wenigstens ein Viertel übersteigt, auch wenn die Unterhaltsrente, zu deren Zahlung der Beamte verpflichtet ist, niedriger ist; ist die Unterhaltsrente, zu deren Entrichtung der Beamte verpflichtet ist, höher, so muß der Beamte mindestens den Betrag der Unterhaltsrente aufwenden. Hat der Beamte das Kind durch eine einmalige Zuwendung oder in ähnlicher Weise abgefunden, so erhält er die Kinderbeihilfe, wenn der der Berechnung der Abfindungssumme zugrunde liegende Monatsbetrag einen Betrag erreicht, der die Kinderbeihilfe um wenigstens ein Viertel übersteigt oder der Unterschiedsbetrag hinzugezahlt wird.

(6) Eine Beamtin als Mutter eines unehelichen Kindes erhält keine Kinderbeihilfe, solange der Vater des unehelichen Kindes den Unterhalt gewährt.

(7) Die vorgesetzte Dienstbehörde kann bestimmen, daß die Kinderbeihilfe für ein uneheliches Kind nicht an den Beamten, sondern an den Vormund des Kindes oder an das Vormundschaftsgericht zu zahlen ist.

(8) Die Aufnahme von Stiefkindern und unehelichen Kindern in den Hausstand des Beamten ist auch in den Fällen anzunehmen, in denen der Beamte das Kind auf seine Kosten zum Zwecke

der Erziehung oder Ausbildung in einer Erziehungs- oder Lehranstalt oder bei Verwandten oder bei einer anderen Familie unterbringt, ohne daß der Familienzusammenhang mit dem Hausstand des Beamten dauernd aufgehoben sein soll (z. B. bei regelmäßiger Rückkehr des Kindes während der Ferien).

Zu § 11 Abs. 4.

Nr. 66. (1) Als Schulausbildung gilt auch die weitere Ausbildung an Lehrerbildungsanstalten, höheren Lehranstalten (z. B. Realschulen, Gymnasien, Lyzeen), Hochschulen, Fachschulen z. B. Handelsschulen, Haushaltsschulen, Baugewerkschulen) und ähnlichen Anstalten, wenn die Ausbildung nach einem staatlich genehmigten Lehrplan erfolgt und der Unterricht von staatlich zugelassenen Lehrern erteilt wird.

(2) Es ist nicht erforderlich, daß der Schulbesuch die Ausbildung für einen künftig gegen Entgelt auszuübenden Lebensberuf bezweckt, wohl aber, daß er die Zeit und Arbeitskraft des Kindes ausschließlich oder ganz überwiegend in Anspruch nimmt. Der Besuch von Handarbeits-, Musikschulen (Konservatorien) oder Fortbildungsschulen gilt hiernach in der Regel nicht als Schulausbildung im Sinne dieser Vorschriften; soweit der Besuch von Schulen die Gewährung einer Kinderbeihilfe hiernach nicht begründet, kann unter Umständen die Gewährung einer solchen nach Nr. 67 in Frage kommen.

Nr. 67. (1) Eine Berufsausbildung liegt nur dann vor, wenn die Ausbildung für einen später gegen Entgelt auszuübenden Lebensberuf erfolgt, wenn es sich um eine ernsthafte Berufsausbildung handelt, und wenn die Ausbildung nach der zeitlichen Ausdehnung der Unterweisung und etwaiger häuslicher Übungen die Arbeitskraft des Kindes ausschließlich oder ganz überwiegend in Anspruch nimmt. Als Berufsausbildung gilt z. B. die Beschäftigung als Lehrling oder Volontär, als Anwärter für den Reichs-, Staats- oder sonstigen öffentlichen Dienst (z. B. als Referendar, Zivilsupernumerar, sowie die übliche Beschäftigung bei einem Landratsamt vor der Einberufung als Zivilsupernumerar), die für das Hochschulstudium vorgeschriebene praktische Beschäftigung, die Ausbildung als Kindergärtnerin, Haushalts- oder Krankenpflegerin. Zum Nachweis der Berufsausbildung, z. B. als Lehrling, ist in der Regel die Vorlegung des Lehrvertrags zu fordern.

(2) Eine Ausbildung, die nach Art und Umfang lediglich zur eigenen Vervollkommnung dienen kann, ohne daß sie die Grundlage einer späteren entgeltlichen Berufsausübung bilden soll, z. B. der Besuch von Koch-, Plätt-, Näh-, Stick- oder Zuschneidekursen, sowie die Teilnahme an Musik-, Gesang- und Malstunden, ist nicht als Berufsausbildung anzusehen. Das gleiche gilt für eine Ausbildung im Hause, im Geschäfts- oder Gewerbebetrieb,

sowie in der Landwirtschaft der Eltern. Nicht förmliche Ausbildungen (z. B. die Tätigkeit als Dienstmädchen, Laufbursche, Hütejunge sowie die Ausbildung für die Tätigkeit als Hausfrau) gelten ebenfalls nicht als Berufsausbildung. Als nicht förmliche Ausbildung ist in der Regel auch anzusehen, wenn die Ausbildung bei einer Person erfolgt, die zur Ausbildung von Lehrlingen in dem betreffenden Fach nicht befugt ist. Soweit in diesen Vorschriften nichts anderes bestimmt ist, ist eine Tätigkeit, die für die Berufsausbildung zwar wertvoll, aber nicht notwendig und vorgeschrieben ist, nicht zu berücksichtigen.

(3) Ein Berufswechsel nach erfolgter Ausbildung in dem anfänglich ergriffenen Beruf zieht den Verlust des Anspruchs auf die Kinderbeihilfe nicht nach sich.

Nr. 68. Regelmäßige Ferien, regelmäßiger Erholungsurlaub, vorübergehende Erkrankung, sowie die üblichen Übergangszeiten zwischen Schul- und Berufsausbildung unterbrechen die Schul- und Berufsausbildung nicht.

Nr. 69. (1) Eigenes Einkommen des Kindes ist nicht nur das Einkommen, mit dem das Kind selbständig veranlagt wird, sondern auch das Einkommen, das bei der Veranlagung mit dem eines anderen Steuerpflichtigen zusammengerechnet wird. Als eigenes Einkommen des Kindes gilt auch das aus dem Vermögen des Kindes fließende Einkommen, an dem dem Vater oder der Mutter die Nutznießung kraft der elterlichen Gewalt — nicht aus eigenem Recht, z. B. weil dem Beamten der lebenslängliche Nießbrauch testamentarisch vermacht ist — zusteht, ferner Krankengeld und etwaige Verletztenrenten. Zum eigenen Einkommen des Kinds zählen auch Sachbezüge jeder Art; bezieht ein Kind ein Einkommen, das teilweise oder ganz aus Sachbezügen besteht, so sind für die Ermittelung des Gesamteinkommens die Sachbezüge mit den Ortspreisen zu veranschlagen, wie sie von den Finanzämtern im Vollzuge des Einkommensteuergesetzes festgesetzt sind. Mildtätige Zuwendungen, z. B. Stipendien, Freitische, gelten nicht als Einkommen.

(2) Eigenes Einkommen des Kindes ist nicht dessen steuerpflichtiges Einkommen, sondern dasjenige, welches das Kind tatsächlich bezieht, z. B. bei Einkommen aus barem Lohn usw. der Rohbetrag nach Abzug der Sozialversicherungsbeiträge, bei Einkommen aus Kapitalvermögen die Zinsen nach Abzug der Kapitalertragsteuer. Andere Ausgaben, die reichsrechtlich zu den sogenannten Werbungskosten zählen, dürfen vom Einkommen nicht abgezogen werden.

(3) Einnahmen, die — wie Zinsen, Dividenden, Mieten, Pachtbeträge usw. — nicht monatlich, sondern für längere Zeiträume gezahlt werden, sind auf die einzelnen Monate zu verteilen.

(4) Wird für ein Kind, für das eine Kinderbeihilfe zu zahlen ist, auf Grund eines Beamtenhinterbliebenengesetzes ein Waisengeld oder auf Grund eines sonstigen Versorgungsgesetzes eine Waisenrente — gleichgültig an wen — aus Mitteln des Reichs, eines Landes, einer Gemeinde oder einer sonstigen Körperschaft des öffentlichen Rechts oder wird auf Grund der §§ 30 und 87 des Reichsversorgungsgesetzes eine Kinderzulage gewährt, so gelten diese Bezüge nicht als eigenes Einkommen des Kindes.

Nr. 70. Vollendet ein Kind, für das eine Kinderbeihilfe bezogen wird, das sechzehnte Lebensjahr, so ist die Zahlung der Kinderbeihilfe einzustellen, wenn nicht der zum Bezuge berechtigte Beamte schriftlich der zur Anweisung zuständigen Behörde die für den Weiterbezug der Kinderbeihilfe maßgebenden Verhältnisse darlegt und diese Angaben auf Verlangen glaubhaft macht.

Zu § 11 Abs. 5.

Nr. 71. (1) Sind beide Eltern eines ehelichen, für ehelich erklärten oder an Kindes Statt angenommenen Kindes Beamte, so erhält nur der Vater die Kinderbeihilfe.

(2) Wäre für ein Kind eine Kinderbeihilfe einerseits nach § 11, andererseits nach § 25 zu zahlen, so wird nur die Kinderbeihilfe nach § 25 gezahlt. Die Kinderbeihilfe nach § 25 wird auch dann gezahlt, wenn für das Kind auf Grund einer dem § 11 entsprechenden Vorschrift des Reichs, eines Landes, einer Gemeinde oder einer sonstigen Körperschaft des öffentlichen Rechts eine Kinderbeihilfe zu zahlen wäre. Eine Kinderbeihilfe nach § 11 wird nicht gezahlt, wenn für das Kind eine Kinderbeihilfe aus Mitteln des Reichs, eines Landes, einer Gemeinde oder einer sonstigen Körperschaft des öffentlichen Rechts auf Grund einer dem § 25 entsprechenden Vorschrift zu zahlen ist (vgl. aber Abs. 3). Hat z. B. ein Beamter die Witwe eines Reichsbeamten mit Kindern unter 21 Jahren geheiratet, so hat das Reich die Verpflichtung, die Kinderbeihilfen nebst dem Waisengeld weiterzuzahlen, da die Verpflichtung, für die eigenen Kinder des verstorbenen Beamten zu sorgen, die ältere und nähere ist. Die Kinderbeihilfe ist für diese Kinder als Kinder ihres leiblichen Vaters zu zahlen.

(3) Wird ein Ruhegehaltsempfänger oder Wartegeldempfänger oder eine Beamtenwitwe im Staatsdienst angestellt, so sind neben den Bezügen aus der neuen Stelle gegebenenfalls die Kinderbeihilfe zu gewähren. Die neben den Versorgungsbezügen an sich zustehenden Kinderbeihilfen ruhen.

Zu § 11 Abs. 6.

Nr. 72. (1) Die Zahlung der Kinderbeihilfen an den Beamten ist in jedem Falle mit dem Zeitpunkt einzustellen, mit dem der Bezug des Grundgehalts aufhört; vgl. jedoch § 25.

(2) Im Falle des Todes eines Beamten ist wie folgt zu verfahren:

a) Die Kinderbeihilfen für Stiefkinder (vgl. Nr. 65 Abs. 2) und für uneheliche Kinder des Beamten fallen fort.

b) Die Zahlung der Kinderbeihilfen für eheliche, für ehelich erklärte und von dem Beamten an Kindes Statt angenommene Kinder ist bei den Besoldungsfonds einzustellen. Die Weitergewährung regelt sich nach § 25.

Zu § 11 Abs. 6 Satz 2.

Nr. 73. (1) Ist von vornherein zu übersehen, daß die Voraussetzungen für die Gewährung der Kinderbeihilfe nur vorübergehend wieder eingetreten sind, d. h. voraussichtlich innerhalb von drei Monaten oder früher wieder wegfallen werden, so ist von einer Anweisung der Kinderbeihilfe abzusehen.

(2) Ist demgemäß von der Anweisung abgesehen, stellt sich aber nachträglich heraus, daß die Vorbedingungen längere Zeit als drei Monate bestehen, so ist die Zahlung nachzuholen.

(3) Ist die Kinderbeihilfe in der Annahme angewiesen, daß die Voraussetzungen ununterbrochen länger als drei Monate fortbestehen werden, und stellt sich nachträglich heraus, daß sie tatsächlich nur drei Monate oder kürzere Zeit bestehen, so ist die Zahlung gemäß § 11 Abs. 6 Satz 1 einzustellen. Die gezahlten Beträge sind in Ausgabe zu belassen.

Zu § 11 Abs. 7.

Nr. 74. (1) Das Bestehen einer dauernden Erwerbsunfähigkeit ist durch ein amtsärztliches Zeugnis nachzuweisen. Das Zeugnis ist spätestens alle drei Jahre neu einzufordern.

(2) Besteht der Zustand der dauernden Erwerbsunfähigkeit im Zeitpunkt der Vollendung des einundzwanzigsten Lebensjahres, so wird die Kinderbeihilfe weitergewährt, solange dieser Zustand fortbesteht. Besteht die Erwerbsunfähigkeit nicht mehr, so erlischt der Anspruch auf die Kinderbeihilfe endgültig; er lebt nicht wieder auf, wenn sie später wieder eintritt.

(3) Wären für ein Kind, das am 1. 10. 1927, nicht aber bereits am 1. 4. 1920 das einundzwanzigste Lebensjahr überschritten hatte, alle Voraussetzungen für den ununterbrochenen Bezug der Kinderbeihilfe seit dem Zeitpunkt der Vollendung des einundzwanzigsten Lebensjahres gegeben gewesen, wenn § 11 Abs. 7 bereits gegolten hätte, so ist die Kinderbeihilfe mit Wirkung vom 1. 10. 1927 ab anzuweisen.

(4) Nr. 69 findet Anwendung.

Zu § 11 Abs. 8.

Nr. 75. (1) Als gemeinsame Kinder gelten auch Stiefkinder der verheirateten Beamtin, zu deren Unterhalt der Ehemann gesetzlich verpflichtet ist.

(2) Einer geschiedenen Beamtin ist eine Beamtin gleichzuachten, deren Ehe für nichtig erklärt worden ist.

Gewährung der Kinderbeihilfe in besonderen Fällen.

Nr. 76. (1) Der Fachminister kann im Rahmen der Vorschriften des § 11 Abs. 1, 4 und 7 Kinderbeihilfen zum Satze von 20 *RM* monatlich auch für Pflegekinder und Enkel gewähren, wenn der Beamte diese in seinen Hausstand aufgenommen hat und für ihren Unterhalt keine Vergütung erhält. Nr. 65 Abs. 8 gilt sinngemäß.

(2) Die Kinderbeihilfe für Pflegekinder und Enkel wird nur gewährt, wenn nicht eine andere Person vorhanden ist, die zum Unterhalt des Kindes gesetzlich verpflichtet und hierzu imstande ist.

Nr. 77. Beamte, die im Disziplinarverfahren oder aus Anlaß eines Strafverfahrens vorläufig vom Dienste enthoben sind, sowie Beamte, deren Diensteinkommen auf Grund eines Disziplinarurteils zu kürzen ist, erhalten die Kinderbeihilfen ungekürzt.

5. Zulagen, Aufwandentschädigungen, Sondervergütungen u. Nebenbezüge.

§ 12.

In der Besoldungsordnung nicht vorgesehene Zulagen, Aufwandentschädigungen und Vergütungen, insbesondere Vergütungen für über das festgesetzte oder übliche Arbeitsmaß hinausgehende Dienstleistungen, werden dem Beamten aus dem Hauptamte nicht gewährt. Außerordentliche Vergütungen können im Einzelfall ausnahmsweise im Rahmen der im Staatshaushaltsplane vorgesehenen Mittel bewilligt werden.

Zu § 12 Satz 2.

Nr. 78. Bewilligungen, die den Charakter regelmäßig wiederkehrender Vergütungen an denselben Empfängerkreis tragen, sind unzulässig.

§ 13.

(1) Mit einem Amte verbundene besondere Nebenbezüge, wie Vorlesungs- und Unterrichtsgebühren, Gebührenanteile, Gewinnanteile und dergleichen, fließen dem Beamten als Diensteinkommen nur so weit zu, als es in der Besoldungsordnung ausdrücklich zugelassen ist.

(2) Für ein Nebenamt oder Nebengeschäft kann dem Beamten eine besondere Vergütung aus der Staatskasse bewilligt werden, wenn es mit dem Hauptamte nicht in unmittelbarem Zusammenhange steht und den Beamten über die dem Hauptamte zu widmende volle Arbeitszeit hinaus wesentlich in Anspruch nimmt.

(3) Übt ein Beamter im Zusammenhange mit seiner amtlichen Tätigkeit eine Tätigkeit im Vorstand, Aufsichtsrat, Verwaltungsrat

oder einem sonstigen Organ einer Gesellschaft oder eines Unternehmens aus, so ist er verpflichtet, alle Bezüge, die ihm aus dieser Tätigkeit zustehen oder gewährt werden, seiner vorgesetzten Dienstbehörde anzuzeigen und an die Staatskasse, wenn die Tätigkeit mit der Wahrnehmung der Interessen einer Gemeinde, eines Gemeindeverbandes oder einer sonstigen Körperschaft zusammenhängt, an diese Körperschaft abzuliefern. Die vorgesetzte Dienstbehörde kann dem Beamten als Ersatz für tatsächliche Aufwendungen und ausnahmsweise auch als besondere Vergütung gewisse Bezüge belassen oder bewilligen. Das Staatsministerium kann hierüber allgemeine Grundsätze aufstellen. In den Fällen dieses Absatzes findet der § 1 des Gesetzes vom 10. Juni 1874 (Gesetzsamml. S. 244) keine Anwendung.

(4) Im übrigen bleiben die Allgemeinen Bestimmungen über die Annahme von Vergütungen für Nebenämter und Nebenbeschäftigungen durch Beamte unberührt.

Zu § 13 Abs. 2.

Nr. 79. Auf Anordnung der vorgesetzten Dienstbehörde ist der Beamte zur Annahme und Fortführung eines Nebenamtes oder einer Nebenbeschäftigung auch ohne besondere Vergütung (Nebenvergütung) verpflichtet. Dabei ist es unerheblich, ob es sich um ein Nebenamt oder eine Nebenbeschäftigung

a) im Dienste des Staates oder
b) im Dienste des Reichs eines anderen Landes, einer Gemeinde (eines Gemeindeverbandes) oder sonst im öffentlichen Dienst

handelt.

Nr. 80. Zu § 13 Abs. 3 ergehen besondere Bestimmungen.

§ 14.

(1) Für staatsseitig gewährte Nutzung von Wirtschaftsland, Feuerungs- und Beleuchtungsmitteln, Verpflegung, Jagdnutzung und dergleichen hat der Beamte einen angemessenen Betrag zu zahlen. Die Höhe dieses Betrags wird von der zuständigen Behörde unter Mitwirkung der Beamtenvertretung festgelegt. In Zweifelsfällen entscheidet der Fachminister in Gemeinschaft mit dem Finanzminister endgültig.

(2) Den Beamten, die zum Tragen von Dienstkleidung verpflichtet sind, wird, sofern die Dienstkleidung nicht unentgeltlich geliefert wird, ein angemessener Zuschuß zu ihrer Beschaffung und Unterhaltung nach näherer Bestimmung durch den Staatshaushaltsplan gewährt; der Zuschuß ist in gleichen Teilbeträgen wie das Diensteinkommen zu zahlen.

Zu § 14 Abs. 1.

Nr. 81. Wegen der Vergütung für Nutzung von Wirtschaftsland und Feuerungsmitteln vgl. Nr. 60.

II. Nichtplanmäßige Beamte.

§ 15.

(1) Die im Staatsdienst als Stellenanwärter vollbeschäftigten nichtplanmäßigen unmittelbaren Staatsbeamten erhalten eine Grundvergütung nach Anlage 3*). Daneben erhalten sie den Wohnungsgeldzuschuß, den sie in der ersten Dienstaltersstufe der Besoldungsgruppe beziehen würden, in der sie beim regelmäßigen Verlauf ihrer Dienstlaufbahn zuerst planmäßig angestellt werden.

(2) Die wissenschaftlichen Assistenten mit planmäßiger Vergütung bei wissenschaftlichen Hochschulen (Universitäten, Technischen, Landwirtschaftlichen, Tierärztlichen, Forstlichen Hochschulen und der Bergakademie) und die ihnen gleichgestellten Hilfskräfte bei wissenschaftlichen Hochschulen, Anstalten und Instituten erhalten eine Grundvergütung und den Wohnungsgeldzuschuß nach Anlage 4*).

(3) Den unverheirateten Polizeianwärtern wird ein Wohnungsgeldzuschuß nicht gewährt.

(4) § 1 Abs. 1 Satz 2 und Abs. 3, § 2 Abs. 1, §§ 6 bis 14 und 34 gelten sinngemäß.

(5) Beim Übertritt eines Stellenanwärters aus einer Gruppe in eine andere ist § 3 Abs. 5 und 6 sinngemäß anzuwenden.

Zu § 15 Abs. 1.

Nr. 82. (1) Eine Zusammenstellung der Grundvergütungen nach Jahres- und Monatsbeträgen enthält die Übersicht 3, die unter Berücksichtigung der Bestimmung im § 17 Abs. 3 eine der Anlage 5 zum Reichsbesoldungsgesetz angeglichene Kopfleiste erhalten hat.

(2) Die Bezüge der nichtplanmäßigen Beamten, die weder Beamte im Vorbereitungsdienst noch Stellenanwärter sind und deren Bezüge nicht durch § 15 oder durch besondere Vorschriften geregelt sind, werden von dem Fachminister festgesetzt; sie dürfen die Anfangsbezüge der Besoldungsgruppe, in der die entsprechenden Stellenanwärter erstmalig planmäßig angestellt werden, nicht übersteigen.

(3) Planmäßige Beamte, die in einer anderen Dienststelle nichtplanmäßig beschäftigt werden, gelten nicht als „nichtplanmäßige" Beamte.

§ 16.

(1) Das Aufrücken in der Grundvergütung kann einem nichtplanmäßigen Beamten versagt werden, wenn sein dienstliches oder außerdienstliches Verhalten in erheblichem Maße zu beanstanden ist.

(2) Vor der Verfügung ist dem Beamten Gelegenheit zu geben, sich über die Gründe der beabsichtigten Maßregel zu

*) Hier nicht abgedruckt.

äußern. Wird das Aufrücken versagt, so sind dem Beamten die Gründe hierfür schriftlich zu eröffnen.

(3) Gegen die Verfügung steht dem Beamten die Beschwerde an die oberste Verwaltungsbehörde zu, sofern sie nicht von dieser selbst erlassen ist.

(4) Nach Behebung der Anstände ist der vorläufig versagte Grundvergütungssatz zu gewähren, und zwar vom Ersten des Monats an, in dem die Bewilligungsverfügung ergeht. Nur aus besonderen Gründen ist die Gewährung von einem früheren Zeitpunkt an zulässig. Sie bedarf der Genehmigung der obersten Verwaltungsbehörde.

(5) Die einstweilige Versagung der Aufrückung hat für sich allein nicht die Wirkung, daß dadurch der Zeitpunkt für das Aufsteigen in die nächsthöhere Vergütungsstufe hinausgeschoben wird.

Zu § 16 im allgemeinen.

Nr. 83. (1) Nr. 3 der PBB. gilt für die nichtplanmäßigen Beamten sinngemäß.

(2) Eine vor dem Ableben des Beamten fällig gewordene höhere Grundvergütung wird nicht berücksichtigt, wenn die Voraussetzungen für die Versagung des Aufrückens in der Grundvergütung am Fälligkeitstage gegeben waren. Das Recht der Beschwerde nach § 16 Abs. 3 steht in diesem Falle demjenigen zu, der zum Empfange der Nachzahlung oder der erhöhten Hinterbliebenenbezüge berechtigt wäre.

(3) Nichtplanmäßige Beamte, deren erste planmäßige Anstellung voraussichtlich in einer Besoldungsgruppe erfolgen wird, die bei einer regelmäßig verlaufenden Dienstlaufbahn erst im Wege der Beförderung erreicht wird, erhalten die Grundvergütung der Besoldungsgruppe, in der die erste planmäßige Anstellung regelmäßig stattfindet.

Zu § 16 Abs. 1.

Nr. 84. Die Versagung des Aufrückens in der Grundvergütung wird mit der Zustellung einer schriftlichen Verfügung wirksam. Vor dem Versagen ist die örtliche Beamtenvertretung zu hören. Eine höhere Grundvergütung kann nach ihrer Fälligkeit nicht mehr versagt werden.

Zu § 16 Abs. 3.

Nr. 85. Wird der Beschwerde stattgegeben, so ist die höhere Grundvergütung rückwirkend zu gewähren.

Zu § 16 Abs. 5.

Nr. 86. Die Versagung des Aufrückens in der Grundvergütung wirkt ohne weiteres nur für ein Jahr. Nach dessen Ablauf erhält der Beamte wieder den seinem vollen Anwärterdienstalter entsprechenden Grundvergütungssatz, wenn nicht neuerdings die Versagung verfügt wird.

§ 17.

(1) Das Anwärterdienstalter der nichtplanmäßigen Beamten beginnt mit dem Tage, von dem an der Beamte nach erlangter Befähigung für das Amt endgültig in den Staatsdienst übernommen ist, soweit in diesem Gesetz oder in den Ausführungsbestimmungen dazu nichts Abweichendes bestimmt oder zugelassen ist. Von diesem Zeitpunkt an sind die Zeitabschnitte für das Verbleiben in den Grundvergütungssätzen zu rechnen.

(2) Die Anwärterdienstzeit soll fünf Jahre, bei Versorgungsanwärtern vier Jahre nicht übersteigen. Ist ein Zivilanwärter bis zur Vollendung des fünften Anwärterdienstjahrs, ein Versorgungsanwärter bis zur Vollendung des vierten Anwärterdienstjahrs noch nicht planmäßig angestellt, so erhält der Zivilanwärter vom Beginne des sechsten, der Versorgungsanwärter vom Beginne des fünften Anwärterdienstjahrs an eine Grundvergütung in Höhe des Anfangsgrundgehalts derjenigen Besoldungsgruppe, in der er beim regelmäßigen Verlaufe seiner Dienstlaufbahn zuerst planmäßig angestellt wird. Die Zahl der in den Vorbereitungsdienst einzuberufenden Anwärter (Dienstanfänger) ist alljährlich von dem zuständigen Minister im Einvernehmen mit dem Finanzminister derart festzusetzen, daß der Vorschrift im Satze 1 nach Möglichkeit Rechnung getragen wird.

(3) Versorgungsanwärter erhalten ein um ein Jahr verbessertes Anwärterdienstalter.

Zu § 17.

Nr. 87. (1) Der Tag, auf den das AnwDA. eines nichtplanmäßigen Beamten festgesetzt wird, bezeichnet den Zeitpunkt, welcher der Berechnung der dem Beamten in seiner Anwärtergruppe zukommenden Dienstaltersstufe zugrunde gelegt wird und von dem ab das Aufsteigen in die planmäßigen Bezüge (§ 17 Abs. 2 Satz 2 und § 33 Abs. 2) rechnet.

(2) Die Zahlung der Anwärterbezüge beginnt frühestens mit dem Tage, von dem an der Beamte nach erlangter Befähigung für das Amt endgültig in den Staatsdienst übernommen worden ist. Soweit abweichend von dieser Bestimmung Beamtenanwärter bei Bekanntmachung dieser PBV. auf Grund der bisherigen Vorschriften bereits Anwärterbezüge erhalten, können ihnen diese weiter gewährt werden.

(3) Die Verbesserung des AnwDA. der Versorgungsanwärter um ein Jahr auf Grund des § 17 Abs. 3 ist in der Übersicht 3 bereits berücksichtigt (vgl. Nr. 82).

Nr. 88. Die Vorschriften über das BDA. der planmäßigen Beamten in Nr. 6 Abs. 2, Nr. 7, 8, 32, 40 und 45 gelten sinngemäß für das AnwDA. der nichtplanmäßigen Beamten. Das gleiche gilt von der Vorschrift in Nr. 37 mit der Maßgabe, daß bei Beurlaubungen zur Beschäftigung im öffentlichen Dienst das AnwDA.

gekürzt werden kann, wenn dies bei der Beurlaubung vorbehalten ist und vom Fachminister oder der von ihm bestimmten Stelle besonders angeordnet wird.

Nr. 89. Wenn ein nichtplanmäßiger Beamter den Dienst bei einer Behörde mit dem Beginn eines Monats antreten sollte, ihn aber, weil der Erste dieses Monats ein Sonntag oder ein allgemeiner Feiertag war, erst am darauffolgenden Werktage angetreten hat, so ist der Beginn des AnwDA. so festzusetzen, als wenn der Dienst am ersten Tage des Monats eingetreten wäre.

Nr. 90. (1) Für alle in regelmäßiger Laufbahn anzustellenden Beamten des nichttechnischen Büro- und Kassendienstes gilt als Zeitpunkt für den Beginn des AnwDA.:

a) bei den aus der Reihe der Zivilsupernumerare hervorgehenden Beamten der Ablauf dreier Jahre seit Beginn des Vorbereitungsdienstes, soweit nicht der Vorbereitungsdienst auf eigenen Wunsch des Beamten, wegen unzureichender Befähigung oder aus einem sonstigen, in der Person des Beamten liegenden Grunde — ausgenommen Krankheit — über drei Jahre hinaus verlängert wird;

b) bei den aus der Reihe der Versorgungsanwärter hervorgehenden Beamten der Tag der endgültigen Übernahme in den Zivilstaatsdienst, frühestens jedoch ein Jahr nach Beginn der Probedienstzeit.

(2) Die Vorschrift des Abs. 1 gilt sinngemäß für die den dort genannten Beamtengattungen gleichartigen Beamtengattungen mit der Maßgabe, daß an Stelle des Zeitraums von drei Jahren der in den Ausbildungsvorschriften etwa vorgesehene kürzere Vorbereitungsdienst, mindestens jedoch der Zeitraum von einem Jahre, tritt.

(3) Für Beamte, für die eine besondere Vorbereitung nicht vorgeschrieben ist, gilt als Beginn des AnwDA. der Tag der endgültigen Übernahme in den Zivilstaatsdienst auch, soweit sie nicht Versorgungsanwärter sind.

Nr. 91. Von der nach Nr. 96 ff. angerechneten Zeit und, soweit eine solche nicht vorhanden ist, von dem AnwDA. ist bei Beamten der Besoldungsgruppen A 4 bis A 12, die nicht unter Nr. 90 fallen, stets ein Jahr — bei Versorgungsanwärtern (vgl. Nr. 18), Inhabern des Anstellungsscheins (§ 17 des Mannschaftsversorgungsgesetzes v. 31. 5. 1906) und Inhabern des Beamtenscheins (§ 33 des Reichsversorgungsgesetzes v. 12. 5. 1920) sechs Monate — als Vorbereitungszeit abzuziehen. Das gilt auch, wenn eine Vorbereitungszeit von weniger als einem Jahr oder sechs Monaten angeordnet oder zugelassen ist.

Nr. 92. Die vor dem vollendeten 20. Lebensjahre verbrachte Dienstzeit wird auf das AnwDA. nicht angerechnet.

Nr. 93. (1) Ist ein Beamter aus einer nichtplanmäßigen

Stelle des Staatsdienstes freiwillig ausgeschieden oder ist sein früheres Beamtenverhältnis durch Dienstentlassung gelöst worden, so darf im Falle seiner Wiedereinstellung als nichtplanmäßiger Beamter bei der Festsetzung des AnwDA. auf die nichtplanmäßige Dienstzeit und auf die Höhe der Dienstbezüge in der früheren Stelle in der Regel keine Rücksicht genommen werden. Nichtplanmäßige Beamte, die ihre Stelle freiwillig aufgeben wollen, sind hierauf ausdrücklich hinzuweisen.

(2) Nr. 29 gilt sinngemäß.

Nr. 94. Beim Übertritt zu den Anwärtern für andere Stellen innerhalb derselben Anwärtergruppe bleibt das AnwDA. grundsätzlich unverändert. Es kann jedoch eine entsprechende Verkürzung angeordnet werden, wenn der Anwärter sich sonst erheblich günstiger stehen würde als ein Beamter der regelmäßigen Laufbahn, dem gleichen Alter und regelrechtem Aufstieg (vgl. Nr. 43).

Nr. 95. Wegen der Anrechnung von Militär- und Marinedienstzeit sowie von Kriegsdienstzeit ist nach Ziff. 150 der PBV. in der Fassung der Bekanntmachung v. 15. 7. 1925 (PrBesBl. S. 227) zu verfahren.

Nr. 96. (1) Die Zeit einer vollen Beschäftigung gegen Entlohnung im privatrechtlichen Vertragsverhältnis wird auf das AnwDA. angerechnet, sofern der Beamte mit Aussicht auf dauernde Verwendung ständig und hauptsächlich mit den Dienstverrichtungen eines Beamten betraut gewesen ist und diese Beschäftigung in unmittelbarem Anschluß daran bei der gleichen Dienstlaufbahn zur Übernahme in das Beamtenverhältnis geführt hat. Dabei bleiben unberücksichtigt:

a) in den den Versorgungsanwärtern ausschließlich oder zum Teil vorbehaltenen Stellen der Besoldungsgruppen A 6 bis A 12, die vor dem vollendeten 24. Lebensjahre zurückgelegte Dienstzeit,

b) in den übrigen nichttechnischen Dienstzweigen und denjenigen technischen Dienstzweigen, für die ein Supernumerariat vorgeschrieben ist, die vor dem vollendeten 20. Lebensjahr liegende Dienstzeit,

c) bei den in technischen Dienstzweigen beschäftigten Personen, soweit sie nicht bei b genannt sind, die vor Ablegung der für die Anstellung vorgeschriebenen Prüfung liegende Dienstzeit.

(2) Eine Beschäftigung mit Aussicht auf dauernde Verwendung ist nur dann anzunehmen, sofern die Umstände des Einzelfalles die Absicht der dauernden Verwendung — wenn auch unter bestimmten Voraussetzungen oder Bedingungen — tatsächlich erkennen lassen. Eine Beschäftigung mit Aussicht auf dauernde Verwendung ist nicht anzunehmen bei Lohnangestellten, die nur für bestimmte, wiederkehrende Gelegenheiten angenommen worden sind.

(3) Daß der Beschäftigte ständig und hauptsächlich mit den Dienstverrichtungen eines Beamten betraut war, ist dann anzunehmen, wenn er vollbeschäftigt worden ist, und zwar überwiegend mit Arbeiten, die sonst bei der betreffenden Dienstlaufbahn, in der er erstmalig planmäßig angestellt wird, von planmäßigen oder nichtplanmäßigen Beamten verrichtet werden.

(4) Soweit es die besonderen Verhältnisse einer Verwaltung oder eines Dienstzweiges erfordern, kann von den vorstehenden Bestimmungen mit Zustimmung des Finanzministers abgewichen werden.

Nr. 97. (1) Zu der Annahme, daß die Beschäftigung in unmittelbarem Anschluß bei der gleichen Dienstlaufbahn zur Übernahme in das planmäßige oder nichtplanmäßige Beamtenverhältnis geführt hat, ist es erforderlich, daß die Beschäftigung weder unmittelbar von der Übernahme in das Beamtenverhältnis noch zu einer früheren Zeit erheblich unterbrochen worden ist.

(2) Die vor einer erheblichen Unterbrechung liegende Beschäftigungszeit wird nicht auf das AnwDA. angerechnet. Ausnahmen sind nur mit Genehmigung des Fachministers oder der von ihm bestimmten Stelle zulässig.

(3) Als erhebliche Unterbrechung ist hierbei nicht anzusehen:

a) die Zeit eines Militär- oder Marinedienstes und eines Kriegsdienstes (vgl. Nr. 22 und 25),
b) die Zeit vor und nach Ableistung eines unter a genannten Dienstes, wenn sie je einen Monat nicht übersteigt,
c) die Zeit einer Krankheit und eine angemessene Erholungszeit nach einer Krankheit,
d) die Zeit eines mit Fortbezug der Entlohnung gewährten Urlaubs,
e) die Zeit eines Urlaubs ohne Entlohnung von nicht mehr als einem Monat,
f) die Zeit einer Unterbrechung ohne Urlaub von nicht mehr als einem Monat aus irgendeinem anderen billigerweise zu berücksichtigenden Grunde,
g) die Zeit einer Dienstunterbrechung ohne Urlaub von mehr als einem Monat, wenn ein Beschäftigter, auf den Nr. 96 Abs. 2 bereits vor seinem Ausscheiden zutraf, lediglich deshalb außer Beschäftigung gesetzt worden ist, weil keine Gelegenheit zu seiner dienstlichen Verwendung bestand. Voraussetzung ist dabei, daß seine Wiederverwendung bei seiner Entlassung aus der Beschäftigung beabsichtigt war, daß er der ersten Aufforderung zum Wiedereintritt Folge geleistet hat, und daß die Wiedereinstellung innerhalb 6 Monaten nach dem Ausscheiden erfolgt ist,
h) bei den Landtagsstenographen und -amtsgehilfen die Zeit einer Unterbrechung der Parlamentsarbeit infolge Vertagung oder Neuwahl.

(4) Von den Zeitabschnitten, die nach Abs. 3 nicht als erhebliche Unterbrechung anzusehen sind, werden auf das AnwDA. nur angerechnet:

die Zeiten unter a in entsprechender Anwendung der Ziffer 150 der PrBV. in der Fassung der Bekanntmachung v. 15. 7. 1925 (PrBesBl. S. 227) die Zeiten unter c, d u. h.

Nr. 98. Außer Betracht bleibt die Zeit, in der die Übernahme in das Beamtenverhältnis auf eigenen Wunsch des Angestellten wegen unzureichender Befähigung oder aus einem sonstigen in seiner Person liegenden Grunde — ausgenommen Krankheit — unterblieben ist.

Nr. 99. Die Zeit, die zur Erlangung einer Stelle des Büro- und Kassendienstes vor der Einberufung in den Staatsdienst herkömmlich bei einer Behörde des Reichs-, Staats- oder Kommunaldienstes verbracht ist, wird auf das AnwDA. angerechnet, insoweit sie nach Erfüllung der allgemeinen Zulassungsbedingungen für die Laufbahn zurückgelegt und der Ausbildung des Anwärters für die spätere Diensttätigkeit förderlich gewesen ist. Daß die Tätigkeit eine entgeltliche war, ist nicht Voraussetzung für die Anrechnung. Die Altersgrenze in Nr. 96 Abs. 1 b findet Anwendung.

Nr. 100. (1) Den Anwärtern, die nach den Ausbildungs- und Prüfungsvorschriften ihrer Laufbahn ein Hochschulstudium abgelegt haben, wird die in diesen Vorschriften vorgesehene Zeit

a) der praktischen Beschäftigung, soweit sie nicht in den Hochschulferien abgeleistet ist,
b) des Hochschulstudiums,
c) der nachfolgenden Vorbereitungszeit,
d) der notwendigen Prüfungszeit,

soweit die Gesamtsumme der unter a bis d genannten Zeiten vier Jahre übersteigt, auf das AnwDA. angerechnet.

(2) Nicht anrechnungsfähig ist

a) die Zeit, die der Beamte länger als vorgeschrieben auf der Hochschule zugebracht hat,
b) die Zeit, die der Beamte dadurch verloren hat, daß er die eine oder die andere Prüfung beim ersten Versuch nicht bestanden hat.

Nr. 101. (1) Ob und inwieweit zum Ausgleich von Härten sonstige Beschäftigungszeiten (vgl. § 3 Abs. 8) auf das AnwDA. angerechnet werden können, bestimmt der Fachminister im Einvernehmen mit dem Finanzminister.

(2) Die Anrechnung soll nicht erfolgen, soweit sich der Beamte dadurch günstiger stehen würde als ein Beamter der regelmäßigen Laufbahn, des gleichen Alters und mit regelrechtem Aufstieg (vgl. Nr. 43).

(3) Der Fachminister kann nach vorstehenden Bestimmungen bis zu zwei Jahren ohne Beteiligung des Finanzministers anrechnen.

Nr. 102. Verzögert sich die planmäßige Anstellung des Anwärters auf seinen eigenen Wunsch, wegen unzureichender Befähigung oder aus einem sonstigen, in seiner Person liegenden Grunde — ausgenommen Krankheit —, so ist das AnwDA. um den Zeitraum der Verzögerung zu kürzen; er rückt also zunächst in seiner Grundvergütung nicht auf (vgl. Nr. 16 Abs. 2).

§ 18.

Einem planmäßigen Beamten, der zu den Anwärtern für eine andere Stelle übertritt, kann zur Vermeidung von Härten das zuletzt bezogene Diensteinkommen seiner planmäßigen Stelle (Grundgehalt und Wohnungsgeldzuschuß, letzterer nach dem Satze des neuen dienstlichen Wohnsitzes berechnet) bis zum Aufsteigen in der Grundvergütung nach Maßgabe der Anlage 3*) oder bis zur planmäßigen Anstellung in der neuen Stelle als Grundvergütung und Wohnungsgeldzuschuß gewährt werden.

Zu § 18.

Nr. 103. Zu dem zuletzt bezogenen Diensteinkommen der planmäßigen Stelle gehört auch eine etwa gewährte ruhegehaltsfähige Stellenzulage. Im Grundgehalt seiner bisherigen Stelle steigt der Beamte nicht mehr auf.

III. Wartegeld, Ruhegehalt und Hinterbliebenenbezüge.

§§ 19 bis 29

(hier nicht abgedruckt).

Nr. 104. Zu §§ 19 bis 29 sind die vorläufigen Richtlinien unterm 21. 1. 1928 — PrBesBl. S. 5**) ergangen.

IV. Übergangsvorschriften.

§ 30.

Die Einweisung der in der Besoldungsordnung aufgeführten, am 30. September 1927 im Amte gewesenen Beamten in die sich aus diesem Gesetz ergebenden Bezüge erfolgt nach Maßgabe eines vom Finanzminister im Einvernehmen mit den Fachministern aufgestellten Stellenplans.

§ 31.

(1) Das Besoldungsdienstalter der zur Zeit des Inkrafttretens dieses Gesetzes im Amte befindlichen planmäßigen Beamten ergibt sich aus den den einzelnen Besoldungsgruppen der Besoldungsordnung beigefügten Überleitungsbestimmungen. Die dort vor-

---

*) Hier nicht abgedruckt.

**) Abgedruckt Bd. I S. 186 ff.

gesehenen Verkürzungen des Besoldungsdienstalters dürfen jedoch vier Jahre nicht übersteigen und nicht verhindern, daß der Beamte spätestens zwei Jahre vor der Erreichung der Altersgrenze das Endgrundgehalt erhält. Soweit in diesen Überleitungsbestimmungen eine Regelung nicht getroffen ist, bestimmt der Finanzminister im Einvernehmen mit dem Fachminister das Besoldungsdienstalter. Die Überleitungsbestimmungen für die Polizeivollzugsbeamten regelt der Minister des Innern im Einvernehmen mit dem Finanzminister; diese Bestimmungen sind dem Landtage vorzulegen.

(2) Soweit in der Besoldungsordnung aufgeführte Beamte Bezüge nach den im § 37 genannten Gesetzen erhalten, regelt sich das Besoldungsdienstalter der zur Zeit des Inkrafttretens dieses Gesetzes im Amte befindlichen planmäßigen Beamten nach den näheren Vorschriften dieser Gesetze.

Zu § 31.

Nr. 105. (1) Ist ein Beamter mit Wirkung von einem Tage zwischen dem 30. 9. und dem 31. 12. 1927 — dem Tage der Verkündung des PrBesG. — in eine andere Planstelle derselben alten Besoldungsgruppe versetzt worden, während im neuen PrBesG. die verlassene und die neue Planstelle verschiedenen Besoldungsgruppen zugeteilt sind, so ist der Beamte zunächst in die seiner alten Planstelle entsprechende neue Besoldungsgruppe und sodann aus dieser mit dem Zeitpunkt der tatsächlich erfolgten Versetzung in die seiner neuen Planstelle entsprechende neue Besoldungsgruppe überzuleiten.

(2) Ist ein Beamter mit Wirkung von einem Tage zwischen dem 30. 9. und dem 31. 12. 1927 in eine Planstelle befördert oder versetzt worden, die im alten BDEG. einer anderen, im neuen PrBesG. aber derselben Besoldungsgruppe wie die verlassene Planstelle zugeteilt ist, so ist die Beförderung oder Versetzung für die Eingruppierung bedeutungslos.

(3) Die am 30. 9. 1927 im Dienste gewesenen nichtplanmäßigen Beamten erhalten die Grundvergütungssätze nach der Besoldungsgruppe, in der sie beim regelmäßigen Verlauf ihrer Dienstlaufbahn erstmalig planmäßig angestellt werden.

Nr. 106. (1) Die Vorschriften des neuen PrBesG. und dieser PBV., die hinsichtlich der Berechnung des BDA. für die Beamten günstiger oder ungünstiger sind als die entsprechenden älteren Vorschriften, dürfen bei der Neufestsetzung des BDA. der vor dem 1. 10. 1927 planmäßig angestellten Beamten nur angewendet werden, wenn und soweit dies im PrBesG. oder in den PBV. ausdrücklich vorgesehen ist. Dasselbe gilt entsprechend für das AnwDA.

Nr. 107. Beispiel zu Abs. 1 Satz 2 (Altersgrenze).

Ein am 15. 7. 1865 geborener Obersekretär der alten BesGr. A 7 hatte in dieser ein BDA. vom 1. 10. 1911. Nach den Überleitungsbestimmungen zur BesGr. A 4b erhält er vom 1. 10. 1927 ab ein BDA. vom (1. 10. 1927 — 14) = 1. 10. 1913. Mit diesem BDA. würde er am 1. 10. 1933 das Höchstgebot der BesGr. A 4 b erhalten.

Nach dem Altersgrenzengesetz hätte er bereits zum 1. 10. 1930 auszuscheiden. Es würde sich zunächst ein BDA. vom 1. 10. 1930 — (2 + 20) = 1. 10. 1908 ergeben. Da er aber im günstigsten Falle nur das alte BDA. in Besoldungsgruppe A 7 vom 1. 10. 1911 wieder erhalten kann, ist sein BDA. auch in der Besoldungsgruppe A 4 b auf den 1. 10. 1911 festzusetzen.

Nr. 108. Wegen der Überleitungsbestimmungen für die Polizeivollzugsbeamten wird auf die Anlage F zum RdErl. v. 10. 12. 1927 (PrBesBl. S. 159) und die dazu ergangenen Berichtigungen (PrBesBl. S. 247 u. S. 258) Bezug genommen.

§ 32.

(1) Das Besoldungsdienstalter der am 30. September 1927 im Amte befindlichen planmäßigen Beamten aus dem Stande der Versorgungsanwärter (§ 3 Abs. 3 und 4) wird in der Weise verbessert, daß neben der bereits angerechneten Dienstzeit noch die im Heere, in der Marine, in der Schutzpolizei oder beim Reichswasserschutze vom Beginne des 14. bis zum Ende des 19. Dienstjahres zurückgelegte Zeit zur Hälfte angerechnet wird.

(2) Bei der Festsetzung des Besoldungsdienstalters der am 30. September 1927 noch nicht planmäßig angestellten, aber im Dienste befindlichen oder vorgemerkten Versorgungsanwärter wird neben der nach § 3 Abs. 3 und 4 anzurechnenden Dienstzeit noch die im Heere, in der Marine, in der Schutzpolizei oder beim Reichswasserschutze vom Beginne des 16. bis zum Ende des 19. Dienstjahres zurückgelegte Zeit zur Hälfte angerechnet.

Zu § 32.

Nr. 109. (1) Einen Anspruch auf die Anrechnung der weiteren Dienstzeit haben nur diejenigen Beamten aus dem Stande der Versorgungsanwärter, die die weitere Dienstzeit als Kapitulanten abgeleistet haben. Ob und inwieweit zum Ausgleich von Härten eine außerhalb des Kapitulantenverhältnisses abgeleistete weitere Dienstzeit berücksichtigt werden kann, bestimmt der Fachminister im Einvernehmen mit dem Finanzminister.

(2) Das BDA. der am 30. 9. 1927 im Amte befindlichen planmäßigen Beamten aus dem Stande der Versorgungsanwärter wird in der Weise verbessert, daß das BDA., das sie am 30. 9. 1927 hatten, in der Besoldungsgruppe, der sie an diesem Tage angehörten, um die anzurechnende Zeit vorgerückt wird. Die anzurechnende Zeit ist jedoch vorher um die Zeit zu verkürzen, um die das BDA. der Beamten in der Eingangsgruppe nach Ziff. 65 bis 73 und 150 Abs. 2 der PBV. in der Fassung der Bekanntmachung v. 15. 7. 1925 (PrBesBl. S. 227) oder nach etwaigen Sonderbestimmungen (z. B. für die frühere Zahlmeisterlaufbahn) oder zum Ausgleich von Härten verbessert worden war.

(3) Die Anrechnung nach § 32 Abs. 2 erfolgt bei der ersten planmäßigen Anstellung des Beamten.

(4) Treten Versorgungsanwärter, die sich am 30. 9. 1927 in der Eingangsstelle befunden hatten oder deren BDA. bei der ersten planmäßigen Anstellung nach § 32 Abs. 2 festgesetzt worden ist, erstmalig in eine andere Besoldungsgruppe über, so ist sinngemäß nach § 32 Abs. 2 zu verfahren.

(5) Die bei den einzelnen Besoldungsgruppen vorgesehenen Überleitungsbestimmungen, wonach das BDA. eine bestimmte Zahl von Jahren nicht überschreiten darf, bleiben unberührt.

§ 33.

(1) Das Anwärterdienstalter der zur Zeit des Inkrafttretens dieses Gesetzes im Dienste befindlichen nichtplanmäßigen Beamten wird um zwei Jahre verbessert. Ihnen wird bei der ersten planmäßigen Anstellung (§ 3 Abs. 2) die im nichtplanmäßigen Beamtenverhältnis in derselben Dienstlaufbahn zwischen dem Beginne des Anwärterdienstalters und der ersten planmäßigen Anstellung liegende Zeit auf das Besoldungsdienstalter angerechnet, soweit sie sieben Jahre, bei Versorgungsanwärtern sechs Jahre übersteigt.

(2) Auf die zur Zeit des Inkrafttretens dieses Gesetzes als Stellenanwärter im Dienste befindlichen nichtplanmäßigen Beamten findet die Vorschrift des § 17 Abs. 2 Satz 2 entsprechende Anwendung mit der Maßgabe, daß sie wie die planmäßigen Beamten weiter im Grundgehalt aufrücken; hierbei bleibt die nach Abs. 1 erfolgte Verbesserung des Anwärterdienstalters außer Betracht. Daneben erhalten diese Stellenanwärter den ihrer Vergütungsstufe entsprechenden Wohnungsgeldzuschuß.

Zu § 33.

Nr. 110. Die am 30. 9. 1927 im Dienst gewesenen nichtplanmäßigen Beamten erhalten nach Anlage 3 zum PrBesG.

a) Zivilanwärter
 im 1. (unverbesserten) Anwärterdienstjahr die Bezüge des 3. Anwärterdienstjahres,
 im 2. (unverbesserten) Anwärterdienstjahr die Bezüge des 4. Anwärterdienstjahres,
 im 3. (unverbesserten) Anwärterdienstjahr die Bezüge des 5. Anwärterdienstjahres,
 im 4., 5., 6. und 7. (unverbesserten) Anwärterdienstjahr das Anfangsgrundgehalt der Besoldungsgruppe, in der die erste planmäßige Anstellung erfolgt,
 im 8. und 9. (unverbesserten) Anwärterdienstjahr die Bezüge der zweiten Dienstaltersstufe dieser Besoldungsgruppe
 usw.

b) Versorgungsanwärter
 im 1. (unverbesserten) Anwärterdienstjahr die Bezüge des

3. Anwärterdienstjahres (die den Bezügen des 4. Anwärterdienstjahres der Zivilanwärter entsprechen),

im 2. (unverbesserten) Anwärterdienstjahr die Bezüge des 4. Anwärterdienstjahres (die den Bezügen des 5. Anwärterdienstjahres der Zivilanwärter entsprechen),

im 3., 4., 5. und 6. (unverbesserten) Anwärterdienstjahr das Anfangsgrundgehalt der Besoldungsgruppe, in der die erste planmäßige Anstellung erfolgt,

im 7. und 8. (unverbesserten) Anwärterdienstjahr die Bezüge der zweiten Dienstaltersstufe dieser Besoldungsgruppe

usw.

V. Schlußvorschriften.

§ 34.

(1) Die Dienstbezüge werden monatlich im voraus gezahlt. Der Finanzminister kann bestimmen, daß die Dienstbezüge der planmäßigen Beamten bei Überweisung auf ein Konto vierteljährlich im voraus gezahlt werden dürfen. Das gleiche gilt für Wartegelder und Ruhegehälter.

(2) Der Finanzminister ist ermächtigt, Vorschriften über die Abrundung der auszuzahlenden Beträge zu erlassen.

Zu § 34.

Nr. 111. (1) Die Dienstbezüge werden am letzten Werktage gezahlt, der dem Zeitabschnitt voraufgeht, für den die Zahlung bestimmt ist.

(2) Stellenanwärtern, die nur eine Vergütung für die Dauer eines Beschäftigungsauftrags beziehen, und nichtplanmäßigen Beamten, die keine Stellenanwärter sind und deren Bezüge nicht durch § 15 geregelt sind (vgl. Nr. 82 Abs. 2) wird die Vergütung am 15. des Monats für den laufenden Monat oder, wenn die Beschäftigung vorher ihr Ende erreicht, bis zu ihrem Ablauf gezahlt. Fällt der 15. auf einen Sonn- oder Feiertag, ist am letzten Werktage vorher zu zahlen. Geht die Beschäftigung vor dem 15. zu Ende, so erfolgt die Zahlung an dem Tage, an dem die Beschäftigung aufhört. Beginnt die Beschäftigung nach dem 15., so wird die Vergütung beim Dienstantritt für die Zeit bis zum Monatsende gezahlt. An dem auf die Bekanntmachung der PBV. folgenden 15. wird ein voller Monatsbetrag gezahlt; bis dahin ist die Zahlung in der bisherigen Weise fortzusetzen. Die zuviel gezahlten Bezüge gelten als Vorschuß gemäß Erl. v. 30. 4. 1924 — I C 2. 6193 (PrBesBl. S. 116 ff.). Die Vorschüsse sind, sofern der Empfänger nicht mit einer rascheren Tilgung einverstanden ist, spätestens bis zum 31. 3. 1929, in jedem Falle jedoch bis zu seinem etwaigen Ausscheiden aus dem Staatsdienst in Teilbeträgen durch Einbehaltung von den laufenden Bezügen abzudecken. Wartegeld-

und Ruhegehaltsempfänger erhalten, wenn sie im Staatsdienst, sei es auch nur vorübergehend, wiederbeschäftigt werden, ihre Dienstbezüge monatlich im voraus.

(3) Die Beamten können bei der zuständigen Kasse schriftlich die Überweisung ihrer gesamten laufenden Dienstbezüge auf ein Konto beantragen. Die Bezeichnung mehrerer Überweisungskonten ist nicht zulässig. Dienstaufwandentschädigungen können auf Antrag des Beamten von der Überweisung ausgenommen werden.

(4) Die Überweisung kann erfolgen auf das Konto des Beamten bei einer Bank, einer öffentlichen Sparkasse oder einer als scheckfähig anerkannten (bankähnlichen) Genossenschaft (§ 2 des Scheckgesetzes vom 11. 3. 1908 — RGBl. S. 71 —) oder bei einem Postscheckamt; sie geschieht auf Gefahr des Empfängers.

(5) Denjenigen Beamten, die ihren dienstlichen Wohnsitz nicht am Sitz einer staatlichen Kasse haben, können die Dienstbezüge auf Antrag von der zahlenden Kasse auch durch die Post gebührenfrei zugesandt werden.

(6) Damit bei Überweisungen die Beamten am Zahlungstage (Abs. 1 und 2) in den Besitz ihrer Bezüge gelangen, sind, soweit nötig, die Schecks usw. von der Kasse bereits am 4. dem Zahlungstage vorhergehenden Werktage abzusenden. Die Überweisungen haben für den gesamten Kassenbezirk an einem Tage stattzufinden. Einem Verlangen der Postscheckämter, die Monatsnachweisungen mit den Zahlungsanweisungen (Ersatzüberweisungen) bereits bis zum 25. jedes Monats einzusenden und die Abbuchungstage auf den Schecks zu vermerken, haben die Kassen zu entsprechen.

(7) An Zahlungsempfänger, die ihre Dienstbezüge regelmäßig bar an der Kasse abheben, darf, wenn sie am Zahlungstage beurlaubt oder dienstlich abwesend sind und sich außerhalb ihres dienstlichen Wohnsitzes aufhalten, am Tage vor dem Beginn des Urlaubs oder der Dienstreise, frühestens jedoch am 5. Werktage vor dem Zahlungstage, nach Maßgabe des Runderlasses vom 6. 8. 1925 — Bes. 1339 — (PrBesBl. S. 178) gezahlt werden.

(8) Die Kasse ist berechtigt, die im Laufe eines Monats — nach erfolgter Überweisung — hinzutretenden Dienstbezüge bar zu zahlen.

(9) Der Fachminister kann im Einvernehmen mit dem Finanzminister für einzelne Kassen, die wegen der besonders großen Anzahl der von ihnen zu versorgenden Barempfänger die Auszahlung nicht an einem Tage erledigen können, anordnen, daß die Dienstbezüge im Falle des Abs. 1 an den beiden letzten Werktagen gezahlt werden.

(10) Durch vorstehende Bestimmungen wird der Zeitpunkt der Fälligkeit der Dienstbezüge nicht berührt.

Nr. 112. (1) Für jeden Beamten ist der Monatsbetrag der einzelnen Besoldungsteile (Grundgehalt, Stellenzulage,

Wohnungsgeldzuschuß usw.) je für sich **auf volle Reichspfennig aufzurunden**. Am Jahresschluß findet ein nachträglicher Ausgleich von Pfennigspitzen **nicht** statt. Die aus den aufgerundeten Einzelbeträgen sich ergebende Summe bildet den Monatssollbetrag. In den Ausgabeanweisungen ist sowohl das Monats- als auch das Jahressoll unter Beachtung dieser Abrundungsbestimmungen festzusetzen. Die Vorschriften des Reichsministers der Finanzen über die Abrundung des Lohnsteuerabzuges bleiben unberührt.

(2) **Diese Vorschrift tritt mit Wirkung vom 1. 6. 1928 in Kraft.**

Beispiel:

a) Grundgehalt jährlich 3550 *RM*, monatlich 295,83 1/3 *RM*, rd.	295,84 *RM*
b) Stellenzulage jährlich 700 *RM*, monatlich 58,33 1/3 *RM*, rd.	58,34 *RM*
c) Wohnungsgeldzuschuß monatlich	96,00 *RM*
d) Kinderbeihilfe monatlich	40,00 *RM*
e) örtlicher Sonderzuschlag (3 % von 4250 *RM*) jährlich 127,50 *RM*, monatlich 10,62½ *RM*, rd.	10,63 *RM*
zusammen:	500,81 *RM*
Steuerabzug 26,056 rd.	26,05 *RM*
bleiben zu zahlen:	474,76 *RM*

Nr. 113. Sind Dienstbezüge nur für Teile eines Monats zu zahlen oder ändert sich im Laufe eines Monats die Zahlstelle oder die Höhe der Dienstbezüge, so ist für jeden Tag ein Dreißigstel der gemäß Nr. 112 aufgerundeten Monatsrate zu zahlen mit der Maßgabe, daß für den ganzen Monat — einerlei, ob er mehr oder weniger als 30 Tage hat — insgesamt 30/30 gewährt werden. Umfaßt die Beschäftigung **nicht** einen vollen Kalendermonat, so wird für jeden Tag ein Dreißigstel des Monatssolls gezahlt. Hat in einem Monat die nach verschiedenen Sätzen entlohnte Beschäftigung insgesamt 31 Tage gedauert, so wird der überschießende eine Tag bei **dem** Monatsabschnitt gekürzt, für welchen der niedrigste Vergütungssatz bewilligt war.

Ein von der früheren Beschäftigungsbehörde etwa zuviel gezahlter Betrag ist durch die neue Dienststelle einzubehalten, ohne daß ein Fondsausgleich stattfindet.

Beispiele:

Es sind hiernach zu zahlen:

a) wenn die Beschäftigung beginnt am 20. 3. für 20. 3. bis 31. 3. (Monatssatz 300 *RM*) . . . . 12/30 = 120,— *RM*,

	am 28. 2. für 28. und 29. 2. (in Schaltjahren) (Monatssatz 300 *RM*)	2/30 = 20,— *RM*,
	am 31. 3. für 31. 3. (Monatssatz 300 *RM*)	1/30 = 10,— *RM*,
b)	bei im Laufe des Monats höher werdendem Vergütungssatz: 1. bis 15. 3. (Monatssatz 300 *RM*)	14/30 = 140,— *RM*,
	16. bis 31. 3. (Monatssatz 350 *RM*) . .	16/30 = 186,67 *RM*,
c)	bei im Laufe des Monats geringer werdendem Vergütungssatz: 1. bis 15. 3. (Monatssatz 350 *RM*)	15/30 = 175,— *RM*,
	16. bis 31. 3. (Monatssatz 300 *RM*) .	15/30 = 150,— *RM*,
d)	wenn die Beschäftigung am 1. 2. beginnt und bis Ende Februar fortgeführt wird:	
	1. bis 12. 2. (Monatssatz 300 *RM*) .	12/30 = 120,— *RM*,
	13. bis 22. 2. (Monatssatz 350 *RM*) .	10/30 = 116,67 *RM*,
	23. bis 28. 2. (Monatssatz 400 *RM*) (in gewöhnlichen Jahren)	8/30 = 106,67 *RM*,
	23. bis 29. 2. (Monatssatz 400 *RM*) (in Schaltjahren)	8/30 = 106,67 *RM*.

§ 35.

Beamte, die infolge der Umbildung von Staatsbehörden oder infolge Abtretung von Gebieten oder Staatswerken aus dienstlichen Rücksichten in Stellen von geringerem Diensteinkommen verwendet werden, erhalten während der Dauer dieser Verwendung die Dienstbezüge, die sie in ihrer früheren Stelle nach den Vorschriften dieses Gesetzes bezogen hätten.

§ 36.

(1) Der Finanzminister ist ermächtigt, in Gemeinschaft mit den beteiligten Fachministern Beamte, die in der diesem Gesetze beigefügten Besoldungsordnung*) nicht aufgeführt sind, und wiederbeschäftigte Wartegeldempfänger in eine der vorhandenen Besoldungsgruppen einzustufen.

(2) Dies gilt auch für Beamte, die ohne Gehalt zur Dienstleistung bei einem wirtschaftlichen Unternehmen, an dem der Staat beteiligt ist, oder in den Dienst der Verwaltung abgetretener Staatswerke beurlaubt sind, sowie für die Lehrkräfte der früheren staatlichen Lehrer- und Lehrerinnenbildungsanstalten, die in anderen Zweigen der Staatsverwaltung fest angestellt oder nach § 1 des Gesetzes über die Unterbringung der Leiter und Lehrer (Leiterinnen und Lehrerinnen) von staatlichen Lehrer- und Lehrerinnenbildungs-

*) Hier nicht abgedruckt.

anstalten vom 30. Januar 1926 (Gesetzs. S. 41) untergebracht sind, für die Errechnung des ihnen gemäß § 2 desselben Gesetzes gewährleisteten Diensteinkommens.

(3) Die Einstufungsübersichten sind dem Landtage vorzulegen.

§ 37.

Die unter das Volksschullehrer-Diensteinkommensgesetz, das Mittelschullehrer-Diensteinkommensgesetz und das Gewerbe- und Handelslehrer-Diensteinkommensgesetz fallenden Lehrpersonen erhalten ein Grundgehalt und ruhegehaltsfähige Stellenzulagen nach dem Anhange zur Besoldungsordnung für die planmäßigen unmittelbaren Staatsbeamten. Die Einweisung in die Tarifklassen der Anlage 2 (Wohnungsgeldzuschuß)*) ist entsprechend den in der Besoldungsordnung A angewandten Grundsätzen vorzunehmen.

§ 38.

Waren die bisherigen Dienstbezüge eines Beamten nach dem Stande vom 30. September 1927 höher als die ihm auf Grund dieses Gesetzes zustehenden Dienstbezüge, so ist ihm der Unterschiedsbetrag, soweit es sich um ruhegehaltsfähige Bezüge handelt, als ruhegehaltsfähiger Zuschuß, im übrigen als nichtruhegehaltsfähiger Zuschuß über den Staatshaushaltsplan bis zu dem Zeitpunkte weiter zu gewähren, an dem der Unterschied durch Steigen der neuen Dienstbezüge ausgeglichen wird. Hierbei bleiben außer Anrechnung

a) neu zu gewährende Kinderbeihilfen,

b) Erhöhungen des Wohnungsgeldzuschusses insoweit, als sie lediglich infolge der Hinaufsetzung eines Ortes in eine höhere Ortsklasse oder der Versetzung an einen Ort einer höheren Ortsklasse eintreten.

Zu § 38.

Nr. 114. (1) Zum Vergleich sind die Dienstbezüge — und zwar zweckmäßigerweise im Monatsbetrag —

a) nach dem Stande vom 30. 9. 1927,

b) nach dem Stande vom 1. 10. 1927

gegenüberzustellen. Zum Grundgehalt tritt unter a) der im Art. V des Gesetzes vom 6. 6. 1925 (GS. S. 61) vorgesehene Zuschlag von 10 oder 12½ v. H. Bei den Beamten der Bereitschaftspolizei, die unter § 6 Abs. 4 fallen, ist unter a) der um den Wohnraumabzug gekürzte Wohnungsgeldzuschuß (Ortszuschlag) anzusetzen. Wird der Wohnungsgeldzuschuß vom 1. 10. 1927 ab nach einer höheren Ortsklasse bezogen, so wird er gleichwohl unter b) nur nach der bisherigen Ortsklasse in Ansatz ge-

---

*) Hier nicht abgedruckt.

bracht. Die Frauenhilfe kommt nur unter a) in Frage. Eine Kinderbeihilfe ist (und zwar unter a und b) nur anzusetzen, wenn sie für September und Oktober 1927 für dasselbe Kind zu zahlen war. Alle Zulagen mit Ausnahme der Dienstaufwandentschädigungen, aber einschließlich der örtlichen Sonderzuschläge, sind auf beiden Seiten zu berücksichtigen.

(2) Ergibt sich unter b) ein niedrigerer Betrag als unter a), so ist der Unterschied dem Beamten als nichtruhegehaltsfähiger Zuschuß bis zu dem Zeitpunkt weiterzugewähren, in dem er durch die Erhöhung der neuen Bezüge ausgeglichen wird. Hierbei ist § 38 Satz 2 zu beachten. Auf den Zuschuß ist anzurechnen ein etwaiger Unterschiedsbetrag zwischen der Summe der für die Monate Oktober bis Dezember 1927 auf Grund des Abschn. B IV des RdErl. v. 19. 12. 1927 — Bes. 15619 b — (PrBesBl. S. 258) belassenen und der für die gleiche Zeit nach Abschn. A a. a. O. tatsächlich zuständigen örtlichen Sonderzuschläge.

(3) Dieselbe Rechnung (Abs. 1 und 2) kann alsbald hinsichtlich der ruhegehaltsfähigen Bezüge im besonderen wiederholt werden. Nach dem Ergebnis dieser Rechnung kann gegebenenfalls ein Teil des nach Abs. 2 zu gewährenden Zuschusses als ruhegehaltsfähig bezeichnet werden. Es tritt jedoch keine Schädigung des Beamten ein, wenn erst im Falle der Versetzung in den — einstweiligen oder dauernden — Ruhestand festgestellt wird, ob das der Berechnung des Ruhegehalts zugrunde zu legende Diensteinkommen am 30. 9. 1927 höher war, als es sich nach § 10 ZRG. errechnen würde; in diesem Falle ist das höhere Diensteinkommen der Berechnung des Ruhegehalts oder Wartegeldes zugrunde zu legen.

§ 39.

(1) Änderungen der durch dieses Gesetz geregelten Dienstbezüge, Wartegelder, Ruhegehälter, Übergangsgebührnisse und Hinterbliebenenbezüge, ebenso Änderungen der Einreihung der Beamten in die Gruppen der Besoldungsordnung können durch Gesetz erfolgen.

(2) Werden Beamte oder Versorgungsberechtigte durch eine solche Änderung hinsichtlich der im Abs. 1 genannten Bezüge oder hinsichtlich ihrer Einreihung in die Gruppen der Besoldungsordnung mit rückwirkender Kraft schlechter gestellt, so sind die Unterschiedsbeträge nicht zurückzuerstatten.

(3) In allen übrigen Fällen sind zuviel erhobene Dienstbezüge. Wartegelder, Ruhegehälter, Übergangsgebührnisse und Hinterbliebenenbezüge, auch soweit eine Bereicherung nicht mehr vorliegt, zurückzuzahlen.

Zu § 39 Abs. 3.

Nr. **115.** (1) Z. B. sind bei unrichtiger Eingruppierung eines Beamten, bei unrichtiger Festsetzung des Besoldungsdienstalters, bei Überzahlungen von Kinderbeihilfe infolge Verletzung der Anzeigepflicht (vgl. Nr. 62 Abs. 4) zuviel erhobene Dienstbezüge zurückzuzahlen.

(2) Dienstbezüge in diesem Sinne sind außer den in den PBV. genannten auch andere den Beamten mit Beziehung auf ihr Amt geleistete Zahlungen.

(3) Durch die Vorschrift in § 39 Abs. 3 wird bei Rückforderung zuviel erhobener Dienstbezüge der Einwand, daß der Empfänger nicht mehr bereichert sei, ausgeschlossen. Bei Rückforderung solcher Beträge sind aber die wirtschaftlichen Verhältnisse des zur Rückzahlung verpflichteten Beamten zu berücksichtigen; durch Bewilligung entsprechender Teilzahlungen sind Härten zu vermeiden, jedoch sind die Teilzahlungen so zu bemessen, daß die Tilgung der Schuld in einer angemessenen Zeit erfolgt.

(4) Von der Rückforderung zuviel erhobener Bezüge kann beim Vorliegen besonderer Billigkeitsgründe vom Fachminister nach Maßgabe der durch das Gesetz, betr. den Staatshaushalt, vom 11. 5. 1898 (GS. S. 77) getroffenen Bestimmungen auch ganz oder teilweise abgesehen werden. Jedenfalls ist von der Rückforderung solcher Beträge dann Abstand zu nehmen, wenn sie nicht durch Anrechnung auf noch zahlbare Bezüge eingezogen werden können und das Einziehungsverfahren den Wert der zuviel erhobenen Bezüge übersteigende Kosten verursachen würde. Die Vorschriften des § 30 der Instruktion für die Oberrechnungskammer v 18. 12. 1824 werden durch diese Bestimmung nicht berührt.

§ 40.

Der Finanzminister ist ermächtigt, im Einvernehmen mit dem Fachminister an Stelle der in anderen Gesetzen für die Bemessung von Bezügen angeführten Besoldungsgruppen des Beamten-Diensteinkommensgesetzes vom 17. Dezember 1920 in der Fassung der Bekanntmachung vom 13. Mai 1924 (Gesetzsamml. S. 487) die entsprechenden neuen Besoldungsgruppen zu bestimmen.

§ 41.

Änderungen der Besoldungsordnung können insoweit durch den Staatshaushalt erfolgen, als sie durch Änderungen in der Organisation der Staatsverwaltung, insbesondere auch durch die Einrichtung neuer, in der Besoldungsordnung nicht aufgeführter Beamtenklassen erforderlich werden.

§ 42.

(1) Der Finanzminister ist mit der Ausführung dieses Gesetzes beauftragt. Die Ausführungsbestimmungen sind dem Landtage vorzulegen.

(2) Der Finanzminister ist ermächtigt, in Ausnahmefällen eine von den vorstehenden Gesetzesbestimmungen abweichende Regelung zuzulassen, sofern die besondere Lage der Verhältnisse es geboten erscheinen läßt.

§ 43.

Auswirkungen auf die Beamten und ständig Angestellten der Gemeinden und Gemeindeverbände.

(1) Gemeinden und Gemeindeverbände im Sinne des Kommunalbeamtengesetzes vom 30. Juli 1899 (Gesetzsamml. S. 141) sind verpflichtet, unter Berücksichtigung der örtlichen Verhältnisse die Dienstbezüge ihrer hauptamtlich angestellten Beamten, das Wartegeld und Ruhegehalt dieser Beamten und die Versorgung ihrer Hinterbliebenen so zu regeln, daß diese Bezüge den Grundsätzen dieses Gesetzes entsprechen. Gesetzliche Änderungen dieser Bezüge bei den unmittelbaren Staatsbeamten, die gemäß § 39 erfolgen, sind entsprechend vorzunehmen; im übrigen findet § 39 Abs. 3 entsprechende Anwendung.

(2) Diese Bestimmungen finden mit Ausnahme des Ruhegehalts und des Witwen- und Waisengeldes auf die nach Gemeindebeschluß (Beschluß des Gemeindeverbandes) den Beamten gleichzuachtenden ständig Angestellten und Anwärter Anwendung.

(3) Für die Versorgungsanwärter erfolgt die Berechnung des Besoldungsdienstalters nach den für die unmittelbaren Staatsbeamten geltenden Vorschriften. Das gleiche gilt für die Beamten, ständig Angestellten und Anwärter hinsichtlich der Anrechnung der Kriegsdienstzeit auf das Anwärter- und Besoldungsdienstalter und die ruhegehaltsfähige Dienstzeit.

(4) Die Aufsichtsbehörden können in Fällen erheblicher Verletzung der im Abs. 1 und Abs. 2 enthaltenen Bestimmungen verlangen, daß eine entsprechende Regelung erfolgt. In Fällen des Widerspruchs entscheidet die Beschlußbehörde, und zwar für Beamte der Landgemeinden und Amtsbezirke (Ämter, Landbürgermeistereien) der Kreisausschuß, im übrigen der Bezirksausschuß.

(5) Die Minister des Innern und der Finanzen erlassen die zur Ausführung dieser Bestimmungen erforderlichen Anordnungen.

Zu § 43.

Nr. 116. Wegen der Anweisung zur Ausführung vgl. RdErl. d. MdJ. u. d. FM. v. 27. 1. 1928 — IV. a. V. 101 u. Bes. 26 b — (MBliV. S. 72).

§ 44.

§ 29 Ziffer 5 tritt mit Wirkung vom 1. August 1914 mit der Maßgabe in Kraft, daß Nachzahlungen von Versorgungsbezügen für die Zeit vor dem 1. Oktober 1927 nicht geleistet

werden. Im übrigen tritt dieses Gesetz mit Wirkung vom 1. Oktober 1927 in Kraft. Alle seinen Vorschriften entgegenstehenden Gesetze und Verordnungen werden aufgehoben.

Schlußbestimmung.

Nr. 117. Die PBV. treten mit Wirkung vom 1. Oktober 1927 in Kraft, soweit nicht in den einzelnen Vorschriften etwas anderes bestimmt ist. Mit dem gleichen Zeitpunkt treten die bisherigen Besoldungsvorschriften in der Fassung der Bekanntmachung vom 15. Juli 1925 (PrBesBl. S. 227) und die dazu ergangene Ergänzung vom 30. 3. 1926 (Pr.BesBl. S. 42) außer Kraft, soweit sie nicht nach Nr. 33, 34, 95 und Nr. 97 Abs. 4 dieser PBV. weiterhin anzuwenden sind.

Berlin, den 30. März 1928

Der Finanzminister

Dr. Höpker-Aschoff.

A. Jahresbeträge der Grundgehälter

a) Aufsteigende Gehälter mit

Bes.-Gruppe		nach 2 Jahr.	nach 4 Jahr.	nach 6 Jahr.	nach 8 Jahr.	nach 10 Jahr.
1 a	8 400	9 500	10 600	11 600	12 600	
1 b	8 000	8 900	9 800	10 700	11 600	
1 c	6 200	7 000	7 800	8 500	9 200	9 900
1 d	6 200	6 900	7 600	8 300	9 000	9 600
2 a	5 400	6 000	6 600	7 100	7 600	8 100
2 b	4 400	4 900	5 400	5 800	6 200	6 600
2 c	4 800	5 200	5 600	6 000	6 400	6 800
2 d	3 600	4 000	4 400	4 800	5 200	5 600
3 a	3 600	4 000	4 400	4 800	5 200	5 600
3 b	4 800	5 200	5 600	6 000	6 400	6 700
3 c	3 600	3 900	4 200	4 500	4 800	5 100
4 a¹	3 000	3 300	3 600	3 900	4 200	4 450
4 a²	3 900	4 100	4 300	4 500	4 700	4 900
4 b	2 800	3 050	3 300	3 550	3 800	4 000
4 c	2 800	3 000	3 200	3 400	3 600	3 800
4 d	2 800	3 050	3 300	3 550	3 800	4 000
4 e	2 400	2 600	2 800	3 000	3 200	3 400
5	2 300	2 550	2 800	3 000	3 200	3 400
6	2 000	2 200	2 350	2 500	2 650	2 800
7 a	2 400	2 550	2 700	2 800	2 900	3 000
7 b	2 000	2 100	2 200	2 300	2 400	2 500
8	2 000	2 090	2 180	2 270	2 360	2 450
9	1 700	1 800	1 900	2 000	2 100	2 200
10 a	1 600	1 690	1 780	1 870	1 960	2 050
10 b	1 600	1 690	1 780	1 870	1 960	2 050
10 c	siehe am Schluß der aufsteigenden Gehälter					
11	1 500	1 590	1 680	1 770	1 860	1 950
12	1 500	1 580	1 650	1 730	1 800	1 880
10 c 1	2 160	2 340				
10 c 2	1 860	1 980				
10 c 3	1 410	1 500				

b) Feste Gehälter:

Besoldungsgr. 1	40 000 RM		
" 2	36 000 "		
" 3	24 000 "		
" 4	22 000 "		
" 5	18 000 "		I
Besoldungsgr. 6	17 000 RM		
" 7	16 000 "		
" 8	15 000 "		
" 9	14 000 "		
" 10	13 000 "		II
Besoldungsgr. 11	10 000 RM		III
Besoldungsgr. 12	7 000 RM		IV

c) Gehälter mit

Bes.-Gr.		nach 2 Jahren	nach 4 Jahren
1	9 000	9 900	10 800
2	7 500	8 100	8 700
3	5 700	6 200	6 700
4 a	3 800	4 100	4 400
5 a	3 200	3 500	3 800
4 b	3 400	3 700	4 000
5 b	2 800	3 100	3 400

vom 1. Oktober 1927 ab.

festen Grundgehaltssätzen

nach 12 Jahr.	nach 14 Jahr.	nach 16 Jahr.	nach 18 Jahr.	nach 20 Jahr.	nach 22 Jahr.	Tarifklasse
						II
10 600						
10 200						
8 600	9 100	9 600				
7 000	7 400	7 800	8 100	8 400		
7 200	7 500	7 800				
6 000	6 400	6 800	7 100	7 400		
6 000	6 300	6 600	6 900	7 200		
7 000						
5 400	5 700	6 000	6 300	6 600		III
4 700	4 950	5 200	5 450	5 700		
5 100	5 300					
4 200	4 400	4 600	4 800	5 000		
4 000	4 150	4 300	4 450	4 600		
4 200						
3 600	3 800	4 000	4 200			
3 600	3 800	4 000	4 200			IV
2 950	3 100	3 200	3 300	3 400	3 500	
3 100	3 200					
2 600	2 700	2 800	2 900	3 000		
2 540	2 620	2 700				
2 300	2 400	2 500	2 600			
2 140	2 230	2 320	2 400			
2 140	2 220	2 300				
2 040	2 120	2 200				V
1 950	2 030	2 100				VI
						V
						VI
						VII

Mindestgrundgehaltssätzen.

nach 6 Jahren	nach 8 Jahren	nach 10 Jahren	nach 12 Jahren	nach 14 Jahren	nach 16 Jahren	in besond. Einzelfäll. bis zu	Tarifklasse
11 600	12 400	13 200	14 000			15 000	
9 300	9 900	10 500	11 100	11 600		13 600	II
7 200	7 700	8 200	8 600	9 000		11 600	III
4 700	5 000	5 300	5 600	5 800	6 000		
4 100	4 400	4 700	5 000	5 200	5 400		
4 300	4 600	4 900	5 100	5 300	5 500		
3 700	4 000	4 300	4 600	4 800	5 000		IV
							V

B. Monatsbeträge der Grundgehälter

Aufsteigende Gehälter mit

Bes.-Gruppe		nach 2 Jahr.	nach 4 Jahr.	nach 6 Jahr.	nach 8 Jahr.	nach 10 Jahr.
1 a	700,—	791,67	883,34	966,67	1050,—	
1 b	666,67	741,67	816,67	891,67	958,34	
1 c	516,67	583,34	650,—	708,34	766,67	825,—
1 d	516,67	575,—	633,34	691,67	750,—	800,—
2 a	450,—	500,—	550,—	591,67	633,34	675,—
2 b	366,67	408,34	450,—	483,34	516,67	550,—
2 c	400,—	433,34	466,67	500,—	533,34	566,67
2 d	300,—	333,34	366,67	400,—	433,34	466,67
3 a	300,—	333,34	366,67	400,—	433,34	466,67
3 b	400,—	433,34	466,67	500,—	533,34	558,34
3 c	300,—	325,—	350,—	375,—	400,—	425,—
4 a 1	250,—	275,—	300,—	325,—	350,—	370,84
4 a 2	325,—	341,67	358.34	375,—	391,67	408,34
4 b	233,34	254,17	275,—	295,84	316,67	333,34
4 c	233,34	250,—	266,67	283,34	300,—	316,67
4 d	233,34	254,67	275,—	295,84	316,67	333,34
4 e	200,—	216,67	233,34	250,—	266,67	283,34
5	191,67	212,50	233,34	250,—	266,67	283,34
6	166,67	183,34	195,34	208,34	220,84	233,34
7 a	200,—	212,50	225,—	233,34	241,67	250,—
7 b	166,67	175,—	183,34	191,67	200,—	208,34
8	166,67	174,67	181,67	189,67	196,67	204,17
9	141,67	150,—	158.34	166,67	175,—	183,34
10 a	133,34	140,84	148,34	155,84	163,34	170,84
10 b	133,34	140,84	148,34	155,84	163,34	170,84
10 c	siehe am Schluß der aufsteig. Gehälter					
11	125,—	132,50	140,—	147,50	155,—	162,50
12	125,—	131,67	137,50	144,17	150,—	156,67
10 c 1	180,—	19[illegible],—				
10 c 2	155,—	165,—				
10 c 3	117,50	125,—				

b) Feste Gehälter.

Besoldungsgr.	1	3333,34	RM	
"	2	3000,—	"	
"	3	2000,—	"	
"	4	1833,34	"	
"	5	1500,—	"	I
Besoldungsgr.	6	1416,67	RM	
"	7	1333,34	"	
"	8	1250,—	"	
"	9	1166,67	"	
"	10	1083,34	"	II
Besoldungsgr.	11	833,34	RM	III
Besoldungsgr.	12	583,34	RM	IV

c) Gehälter mit

Bes.-Gr.		nach 2 Jahren	nach 4 Jahren
1	750,—	825,—	900,—
2	625,—	675,—	725,—
3	475,—	516,67	558,34
4a	316,67	341,67	366,67
5a	266,67	291,67	316,67
4b	283,34	308,34	333,34
5b	233,34	258,34	283,34

vom 1. Oktober 1927 ab.

festen Grundgehaltssätzen.

nach 12 Jahr.	nach 14 Jahr.	nach 16 Jahr.	nach 18 Jahr.	nach 20 Jahr.	nach 22 Jahr.	Tarifkl.
						II
883,34						
850,—						
716,67	758,34	800,				
583,34	616,67	650,—	675,—	700,—		
600,—	625,—	650,—				
500,—	533,34	566,67	591,67	616,67		
500,—	525,—	550,—	575,—	600,—		
583,34						
450,—	475,—	500,—	525,—	550,—		III
391,67	412,50	433,34	454,67	475,—		
425,—	441,67					
350,—	366,67	383,34	400,—	416,67		
333,34	345,84	358,34	370,84	383,34		
350,—						
300,—	316,67	333,34	350,—			
300,—	316,67	333.34	350,—			IV
245,84	258,34	266,66	275,—	283,34	291,67	
258,34	266,67					
216,67	225,—	233,34	241,67	250,—		
211,67	218,34	225,—				
191,67	200,—	208,34	216,67			
178,34	185,84	193,34	200,—			
178,34	185,—	191,67				
170,—	176,67	183,34				V
162,50	169,17	175,—				VI
						V
						VI
						VII

Mindestgrundgehaltssätzen.

nach 6 Jahren	nach 8 Jahren	nach 10 Jahren	nach 12 Jahren	nach 14 Jahren	nach 16 Jahren	in besond. Einzelfäll. bis zu	Tarif-klasse
966,67	1033,34	1100,—	1166,67			1250,—	
775,—	825,—	875,—	925,—	966,67		1133,34	II
600,—	641,67	683 34	716,67	750,—		966,67	III
391,67	416,67	441,67	466,67	483,34	500,—		
341,67	366,67	391,67	416,67	433,34	450,—		
358,34	383,34	408,34	425,—	441,67	458,34		
308,34	333,34	358,34	383,34	400,—	416,67		IV
							V

Übersicht 2.

Wohnungsgeldzuschuß ab 1. Oktober 1927.

(120 v. H.)

Ortsklasse	Tarifklasse						
	I RM	II RM	III RM	IV RM	V RM	VI RM	VII RM
	A) Jahresbeträge						
Sonderklasse	2520	2016	1584	1152	864	636	402
A	2160	1728	1368	1008	732	534	348
B	1800	1440	1080	792	606	444	288
C	1368	1080	864	648	474	348	216
D	1008	792	648	474	348	258	156
	B) Monatsbeträge						
Sonderklasse	210,—	168,—	132,—	96,—	72,—	53,—	33,50
A	180,—	144,—	114,—	84,—	61,—	44,50	29,—
B	150,—	120,—	90,—	66,—	50,50	37,—	24.—
C	114,—	90,—	72,—	54,—	39,50	29,—	18,—
D	84,—	66,—	54,—	39,50	29,—	21,50	13,—

Dienstbezüge der nichtplanmäßigen unmittelbaren Staatsbeamten.

Die nichtplanmäßigen Beamten erhalten folgende Grundvergütungen:

Als unmittelbare Anwärter auf Planstellen der Besoldungsgruppe	Im 1. und 2. Anwärterdienstjahr, Versorgungsanwärter im 1. Anwärterdienstjahr RM	Im 3 und 4 Anwärterdienstjahr, Versorgungsanwärter im 2. und 3. Anwärterdienstjahr RM	Im 5. Anwärterdienstjahr, Versorgungsanwärter im 4. Anwärterdienstjahr RM
	A. Jahresbeträge		
A 2b	3600	3900	4200
A 2d, A 3 u. A 4a 2. Abtlg.	3000	3200	3400
A 4a 1. Abtlg., A 4b, A 4c, A 4d, C 4 u. C 5	2350	2500	2650
A 4e, A 5 u. A 7a	1950	2080	2220
A 6, A 7b u. A 8	1650	1770	1880
A 9, A 10a u. A 10b	1300	1400	1500
A 11 u. A 12	1250	1330	1400
Polizeianwärter	1140	—	—
	B. Monatsbeträge		
A 2b	300,—	325,—	350,—
A 2d, A 3 u. A 4a 2. Abtlg.	250,—	266,67	283,34
A 4a 1. Abtlg., A 4b, A 4c, A 4d, C 4 u. C 5	195,84	208,34	220,84
A 4e, A 5 u. A 7a	162,50	173,34	185,—
A 6, A 7b u. A 8	137,50	147,50	156,67
A 9, A 10a u. A 10b	108,34	116,67	125,—
A 11 u. A 12	104,17	110,84	116,67
Polizeianwärter	95,—	—	—

Anwärterinnen auf Stellen, die in der Besoldungsordnung mit einem †) bezeichnet sind, erhalten die Grundvergütung um 10 v. H. gekürzt.

Runderlaß

des Finanzministers zugleich im Namen des Ministerpräsidenten und sämtlicher Staatsminister vom 21. 5. 1928, betr. Richtlinien über die Gewährung von Kinderzulagen für Kinder vom vollendeten 21. bis zum 24. Lebensjahr in gesetzlichen nicht geregelten Fällen. (Bes. 4273 b II).

Das Staatsministerium hat unterm 19. 5. 1928 nachstehende Richtlinien über die Gewährung von Kinderzulagen für Kinder vom vollendeten 21. bis 24. Lebensjahr in gesetzlich nicht geregelten Fällen beschlossen:

Unter Aufhebung der bisherigen Richtlinien über die Gewährung von Kinderzulagen an über 21 bis 24 Jahre alte Kinder wird folgende Regelung getroffen:

I.

Für Kinder vom vollendeten 21. bis zum 24. Lebensjahr können im Falle des Bedürfnisses auf Antrag widerrufliche Kinderzulagen in Höhe von 20 RM monatlich bewilligt werden unter denselben Voraussetzungen, unter denen nach § 11 Abs. 1, 3 bis 6, 8 bis 10 sowie § 25 des Preußischen Besoldungsgesetzes vom 17. 12. 1927 — GS. S. 223 — und Nr. 76 der Preußischen Besoldungsvorschriften vom 30. 3. 1928 (PrBesBl. S. 175) Kinderbeihilfen gewährt werden. Die Preußischen Besoldungsvorschriften zu § 11 sowie die vorläufigen Richtlinien über die Neuregelung der Versorgungsbezüge vom 21. 1. 1928 — I D 1. 600b — (PrBesBl. S. 5) zu § 25 Ziff. B 16 Abs. 1, 4 bis 6, Ziff. 17 und 18 gelten sinngemäß.

Ein Rechtsanspruch auf die Zahlung der Kinderzulage besteht nicht.

II.

Bei Prüfungen des Bedürfnisses ist wohlwollend zu verfahren und ein peinliches Eindringen in die Privatverhältnisse des Antragstellers zu vermeiden.

III.

Diese Regelung tritt mit Wirkung vom 1. Oktober 1927 ab in Kraft. Falls etwa für die Zeit vom 1. Oktober 1927 bis bis zum 31. Mai 1928 in Anwendung der bisherigen Grundsätze Kinderzulagen überzahlt worden sind, sind die Mehrbeträge in Ausgabe zu belassen.

Berlin, den 19. Mai 1928.

(L. S.) Das Preußische Staatsministerium.

Die Befugnis zur Bewilligung der Kinderzulage bleibt den bisher zuständigen Dienststellen übertragen. Nr. 62 Abs. 6 der PBV. v. 30. 3. 1928 gilt sinngemäß.

Schlagwörterverzeichnis

VBG. = Volksschullehrer-Besoldungsgesetz.
MBG. = Mittelschullehrer-Besoldungsgesetz.
GBG. = Gewerbe- und Handelslehrer-Besoldungsgesetz.
PBV. = Preußische Besoldungsvorschriften.

Papier | Fördert gute Waldnutzung
FSC® C083411

Kolibri 360 GmbH
Ferdinand-Jühlke-Straße 7
99095 Erfurt, Deutschland
produktsicherheit@kolibri360.de